看见孩子

信达故事

郑晓娟◎主编

浙江工商大学 出版社
ZHEJIANG GONGSHANG UNIVERSITY PRESS
·杭州·

图书在版编目（CIP）数据

信达故事 : 看见孩子 / 郑晓娟主编. —— 杭州 : 浙
江工商大学出版社, 2024.9. —— ISBN 978-7-5178-6181-
2

Ⅰ . G62

中国国家版本馆CIP数据核字第2024405TB2号

信达故事：看见孩子

XINDA GUSHI: KANJIAN HAIZI

郑晓娟 主编

责任编辑	鲁燕青	
责任校对	杨　戈	
特约编辑	邵　年　汪佳梅	
封面设计	张　震	
责任印制	包建辉	
出版发行	浙江工商大学出版社	

（杭州市教工路 198 号　邮政编码 310012）

（E-mai1: zjgsupress@163.com）

（网址：http://www.zjgsupress.com）

电话：0571-88904980，88831806（传真）

排　　版	杭州乐读文化创意有限公司	
印　　刷	杭州宏雅印刷有限公司	
开　　本	710mm×1000mm　1/16	
印　　张	18	
字　　数	214 千	
版 印 次	2024 年 9 月第 1 版　2024 年 9 月第 1 次印刷	
书　　号	ISBN 978-7-5178-6181-2	
定　　价	68.00 元	

| 特别鸣谢 |

顾 问 组

李政涛　　教育部中学校长培训中心主任、中国教育学会副会长
李春玲　　浙江外国语学院教育治理研究中心执行主任、教授
项红专　　杭州师范大学继续教育学院原院长

编　　委

郑晓娟　唐壮卫　林　丽　关银飞　姚赛华　鲁　易　赵菊华　廖香枚

编写人员

蔡国文　曾丽娟　车　娇　陈　虹　陈美娟　陈奇杰　陈　思　崔　娜
戴晓玲　丁慧娇　方将妹　冯珍丽　葛园园　关银飞　胡平平　李继凤
李梦雅　李欣玲　廖香枚　林李桃　林　丽　凌　佳　刘胡承　鲁　易
吕　静　马伊诺　马袁婷　孟国富　倪玉叶　潘亦程　任冰玲　阮秀苹
宋楚楚　沈兴华　沈　娟　沈侃乐　沈玲玲　沈雅苹　沈忠芬　邰胜男
汤　梅　唐壮卫　王晨琳　王　琼　王　玮　王晓文　魏灵娜　吴姝爽
夏天美　项秀芳　徐　冲　徐天鹰　杨佳怡　杨烨嘉　姚赛华　袁　媛
张海燕　张美娜　张　萍　赵慧婷　赵菊华　赵越华夏　郑　慧　郑金沙
郑　宁　仲舒婷　周风艳　周林丽　周卓燕　朱建花　朱建华　邹林宏

资料整理

鲍杨剑　邴业宇　陈　奕　陈雨蓝　陈　赟　崔丽珍　高　群　金银银
林　黎　陆金金　莫雅丽　沈　华　沈建娣　沈璐瑛　袁淑芬　赵国琴
钟敏丽

插画指导

陈婧婧　冯珍丽　沈　青　姚赛华　章艺璇　朱舒洁　邹林宏　柯友海

插画绘制

潘皞哲　黄慧霞　吴馨悦　仲宥琳　陆纯熙　闻婉玥　冯奕淇　赵笙博
余莳辰　周梓怡　沈铭扬　沈立惟　俞心乐　陈梦田　尉一伊　叶梓诺
汪文涵　陈　锌　俞心妍　沈琪娅　赵一涵　吕佳凌　屠雨涵　叶籽沐
方王李帆　金梦宇

与郑晓娟校长认识，已有15年。因为她到杭州市临平区信达外国语学校（前身为杭州市余杭区信达外国语学校）当总校长，我才有机会走进这所学校。这是一所创办于2003年的民办学校，一集团两校区三学部，5000多名学生。每次来到这所学校，我总是会被其恢宏气派的建筑、充满艺术气息的校园氛围、温馨周到的服务所打动，总想去探究一下这所仅有21年办学历史的学校如何成为临平区、余杭区老百姓心中的名校，总想去弄明白为什么这么多公办学校的教师要放弃编制加入这所民办学校，为什么每年总有许多家长为孩子报名摇号……今天拿到郑晓娟校长主编的《信达故事：看见孩子》，认真拜读之后，我才得以一窥信达办学成功的奥秘，那就是"生本立场，孺见教育"。

　　"孺见"缘起于一次征名活动。"孺"代表孩子，"见"代表看见，"孺见"一词是信达人对儿童观的诠释，也是教育者最应该坚守的立场。著名教育家苏霍姆林斯基曾说："孩子本身，对于成人来说，是个伟大的教育力量。""孺见"教育的本质是指在教育的过程中，坚持学生本位的立场，看见孩子，相信孩子，尊重孩子，发展孩子。尽力发掘孩子本身的力量，让每一个孩子绽放出属于自己的光芒，培养"向阳、向上、向未来"的学子。基于"看见"，信达人在多年教育实践的基础上，形成了"孺见—信见—远见"教育逻辑链，而此书便是信达小学部21年来对于"孺见"、对于"见信行达"教育理念的实践诠释。

　　在践行"孺见"教育的过程中，信达的师生们有了新称谓。

在这里，坚守教育一线、孜孜不倦的老师被尊称为"大孺"，而那些自信乐观的学生则被亲切地称呼为"小孺"。21年来，信达的"大孺"坚守在教育的热土上，用心用情，努力耕耘，通过一次又一次的创新举措，在习惯培养、课程设置、作业设计等各个方面、各个细节上下功夫，努力帮助"小孺"圆心中的求学梦。在相互"看见"和"回应"中，信达的"大孺"和"小孺"不断成长，在教育的热土上结出了累累硕果，也因此有了我们如今看到的这本书——《信达故事：看见孩子》。

《信达故事：看见孩子》是信达在推进高质量教育改革方面的有益尝试，是信达的"大孺"和"小孺"在校长郑晓娟的带领下推行"孺见"教育的真实写照，是"孺见"教育思想在教学过程中的具体体现。本书共分为7章，每一章都汇集了信达老师书写的教育教学故事，是对信达学生成长成才最生动真实的记录。"一沓备忘录"体现了老师用心陪伴学生成长的坚守（第一章），"一本草稿簿"反映出老师为培养学生良好的学习和思维习惯所做的努力（第二章）；"一程家访"体现的不仅仅是"古老"的家校沟通方式，更是老师温暖学生、感化学生的"真情、真心、真爱"（第三章）；"一份A4作业"既是信达在落实"双减"政策，促进学生的全面发展、健康成长方面的创新举措，也是信达在达成学生自我教育、自我评价方面的积极尝试（第四章）；在"一份提案"中，可以看到学生积极地参与到学校的日常管理当中，民主、自主的意识和能力在信达实实在在看得见（第五章）；"一堂在线课"既是信达老师在数字化教学领域的实践努力，也是一种教育的态度——信达老师永远在线（第六章）；"一间移动教室"是信达推动基础教育课程改革的载体，彰显了从"知识本位"到"素养本位"的积极转变（第七章）。

信达"大孺"笔下一个个"看见孩子"的教育故事，书写着信达全新的育人范式，也为全国的同行提供了一份育人样本。教育的改革永远在路上，期待信达贡献更多、更好的育人经验。

浙江外国语学院教育治理研究中心执行主任、教授 李春玲

2024年8月

　　笔者今年有幸加入信达新质教育研究院，与信达教育集团的干部教师有了近距离的接触，对学校也有了初步的了解。近日，拜读了郑晓娟总校长主编的《信达故事：看见孩子》一书，现结合起来，谈一点读后的感受、感想和感悟。

　　书名之一为"看见孩子"。按理来说，教师整天与孩子们打交道，怎么会看不见孩子呢？可见，此处"看见孩子"意指在教师的"潜意识"或"下意识"中是如何认识和看待孩子的，指向教师的观念层面。其实，儿童世界和成人世界是两个完全不同的世界，有着不同的价值尺度。蒙台梭利认为，儿童跟成人的冲突主要是由成人引起的。成人常常对儿童有一些错误的认识，诸如"长大成人"等。蒙台梭利指出，童年构成了人一生中最重要的一部分，因为一个人的诸多品质是在他的早期就形成的。他甚至认为，"儿童是成人之父"。而对于教师来说，他们所面临的最紧迫的任务，就是去了解这个尚未被认识的儿童，并把他从所有的障碍物中解放出来。苏霍姆林斯基也说过，儿童实际上是一个无可比拟的特殊世界，绝对不能把儿童同成人一样看待；要进入童年这个神秘之宫的门，就必须在某种程度上变成一个孩子。杜威指出，我们应记住儿童具有4个方面的兴趣，即谈话或交际方面的兴趣、探索或发现方面的兴趣、制造东西或建造方面的兴趣和艺术表现方面的兴趣。杜威称这4个兴趣是"天赋的资源"，是"非投资的资本"，儿童生动活泼的生长是依靠这些天赋资源的运用得来的。著名教育家陶行知在为儿童教育社（今中华儿童教育社）写的社歌《教师歌》

中写道，"发现你的小孩""了解你的小孩""解放你的小孩""信仰你的小孩""变成一个小孩"。可见，发现儿童和解放儿童是教育的重要使命，看见孩子和认识孩子是一个好教师的基本素养。近年来，随着课程教学改革的不断深入，"儿童立场"常常挂在校长的嘴上、写在学校的墙上，但它并没有成为教师的一种普遍自觉。

书名之二为"信达故事"。对于一所学校来说，没有什么比文化更重要了，正如联合国教科文组织所提出的，"发展最终应以文化概念来定义，文化的繁荣是发展的最高目标"。学校办学就其内涵而言，乃是在学校文化的引领下，通过课程教学的实施，进而促进学生及教师成长的过程。要言之，文化是人类的造物、意义的建构。学校文化是师生共同编织的一张意义之网。意义是学校文化之魂。要理解文化，就必须沉浸于人们赋予世界以意义的复杂符号群之中。仪典、故事和英雄等是彰显意义的重要文化符号，学校应予以高度重视。"以塑造文化为宗旨的交流方式，其最高级的形式就是讲故事。"讲故事是传递价值观、巩固规范和庆祝文化成就的一种有效方式。故事承载着价值观，经过人们反复的传播，形成了一种社会性胶水，把人们与那些重要的东西联系起来。每所学校都会发生许多真实而感人的故事，好学校一定是有故事的地方，好校长一定是讲故事的高手，好教师一定是写故事的能手。

由此可见，郑校长主编这本书的意图就在于凝练"信达故事"，强化"儿童立场"。具体而言，通过教师的叙事研究，强化教师的反思意识，促使教师成为反思性实践者、儿童的研究者。通过对教育实践的反思提炼，强化教师的价值意识，促使教师成为学校文化的践行者和维护者。文化的本质是"人化"。真正意义上的学校文化不是专家"策划"出来的，而是师生共同"创造"出来的。希望信达把这项有意义的活动坚持下去，不仅使其成为学校文化建设的重要抓手，也成为学校文化的特色内容。总之，通过发掘和传播生动且深刻的信达故事，强化学校的文化认同，扩大信达教育的品牌影响力，以实现办一所受人尊敬的百年名校的美好愿景。

是为序。

杭州师范大学继续教育学院原院长 项红专

2024 年 8 月

目录

第一章　一沓备忘录：鸿雁传情二十载

第二章　一本草稿簿：筑起孩子思维之基

第三章　一程家访：打通家校间的壁垒

第四章　一份 A4 作业：为了每一个孩子

第五章　一份提案：让孩子真正发声

第六章 一堂在线课：让"孺见"教育一直在线

第七章 一间移动教室：让课堂无处不在

校长手记 在信达，一起看见孩子，看见教育

一沓备忘录：
鸿雁传情二十载

作为学校的重要服务载体之一，"家校备忘录"通过丰富的板块、多形式的互动，记录着班级学生的成长故事，彰显了教育智慧。

一周一册，一班一册。我们在一张张 A3 纸上挥毫泼墨，用细腻的笔触、真挚的情感抚慰着一颗又一颗孩子的心灵，回应着一位又一位家长的期许。时代浪潮滚滚前行，我们依然如木心笔下那般，用心书写着一封封"邮件"——"家校备忘录"。

"家校备忘录"，让教育慢下来

在快节奏的时代里，我们总在呼唤"慢教育"。20多年来，信达人借助"家校备忘录"躬耕细作，始终秉持着自己的教育理念，探寻着教育的"回归之路"——回归常情、回归常理、回归常识。回归教育本原，提升教育品质，是信达人不变的初心和使命，时刻提醒着我们要回到"原点"，叩问"初心"。

2003年，伴随着信达外国语学校的创立，作为学校重要服务载体的"家校备忘录"应运而生。一周一册，一班一册，"家校备忘录"通过丰富的板块、多形式的互动，记录着班级学生的成长故事，彰显了学校教育的智慧。

透过它，我们看见学生稚嫩的童心在老师的鼓励下被唤醒。

透过它，我们看见初为父母的家长在老师的引领下携手共进。

透过它，我们看见师生关系在有效的互动中变得更为和谐。

透过它，我们看见学生与班级成长的密码被悄悄破译。

…………

一张张 A3 纸，架起家校沟通的桥梁，每一周都牵动着学生、家长的心。

20多年过去了，纸质版的"家校备忘录"在这个信息化时代显得有些拙朴。但通过"家校备忘录"，信达大孺一直守护着师生心中美好的精神家园。因为它是记录每一个学生进步的相册，是老师用心陪伴学生成长的见证，也是班级师生信念、态度、价值观最直观的体现。

　　在一个个夜深人静的夜晚，我们敲击着键盘，按下一个又一个爱的音符；在一次次"见字如面"的交流中，我们感受着彼此的真情与暖意；在一段段朴实的文字里，我们践行着教书育人的初心和使命。"家校备忘录"，是信达大家族的传家宝。守护它，是全体信达人的共同责任。因此，我们孜孜不倦，乐在其中。

　　在《每个孩子都需要被看见》一书的序中，著名心理学家武志红这样写道："有回应，就有了光；无回应，即绝境。"从这一点来说，信达的学生无疑是幸运的。

　　曾经有人提议取消"家校备忘录"，认为如今有了QQ、微信、钉钉等即时通信软件，家校之间联系很方便，纸质版的"家校备忘录"已经跟不上信息时代的步伐。

　　的确，教育发展的脚步越来越快，我们需要革故鼎新，紧紧跟随。但有些时候，我们又要敢于做一个"落后"于时代的人，不惹眼，不闹腾，静静地凝视人心，尤其要静静地凝视天底下最纯洁、最朴素的小学生的心。

　　慢下来，我们就会在一次次凝望中发现，爸爸妈妈们不经意间的言语，可能是某个孩子不能触碰的敏感点。

　　慢下来，我们就能把一对"冤家"变成"欢喜同桌"。

　　慢下来，我们才能守护一个小学生的昆虫梦，让他拥有一次属于自己的画展。

　　慢下来，我们才有可能让每一个平凡的日子溢满欢喜，变成"我的惊喜日"。

　　　………

教育是一项慢活、细活，是生命潜移默化的过程，"慢一点儿"是摒弃了急功近利后的自然之道。慢下来，我们心灵的触角就会无限延伸，走向每一个小学生，走进每一个家庭。

"家校备忘录"是信达小孺、大孺共同的精神家园。在这里，我们倾心沟通，默默探寻，和家长一起小心翼翼地守护着孩子们幼小的心灵。在不弃微末、不舍寸功中，让梦想开花结果；在日复一日、一点一滴的坚守中，让成长一路馨香。

这或许就是"家校备忘录"存在的意义！

（林丽）

只是一句话

晚自习下课铃声响起，同往常一样，我习惯性地抬头看了全班学生一眼。抬头的瞬间，我注意到了小 X 同学。与此同时，她好像也恰好捕捉到了我的目光。

在我注意到她时，她的眼睛亮亮的，好像想要同我诉衷肠。因着急组织放学，我没来得及和她聊天，只在走过她身旁的时候，抚了抚她的小脑袋。然而我一低头，却发现她眼里的光像夏天雨后掠过田野的云影般迅速散去。

第二天，她如往常一般欢快。教室里，她灵动雀跃的身影像极了早晨森林中的麋鹿，仿佛昨日她那一闪而过的不快只是我的幻觉。

想起她昨日落寞的神情，我终究没忍住想探究一下缘由。趁着空当，我问她："昨天晚自习下课的时候，你好像有点不开心？""嗯，"她头一歪，忽然认真地说，"沈老师，每次你晚自习的时候都找同学聊天，可是好多天过去了，你都没有找我聊。昨天我等啊等，一直等到了下课，你还是没有找我！"中间，她话音一顿，把"还是"拉得又重又长。

哦！原来是这么一回事啊。我笑着摸了摸她的小脑袋，郑重而又神秘地在她耳边说了一句话。她立刻快乐极了，笑容里仿佛抹上了糖浆。

我说："你知道吗？我常常最后才找我最爱的学生聊。"

其实，每一个学生都是我的最爱啊！哪有爱谁多一点，爱谁少一点呢？可是如果要一个一个地和班里的每一个学生聊天，则总会顾上了这个，又顾不上那个。

所以，每次晚自习下课后，总有学生跑过来问我："沈老师，你明天能不能找我聊？""沈老师，你什么时候才能找我聊天？""沈老师，下一周你是不是就会找我聊天了？"

事实上，由于一些客观原因，我没办法做到每周都跟每个学生聊上一次。可是，我真的没办法做到吗？是否有办法可以突破这个困境呢？我想到，在每周的备忘录上，我们都会及时给家长反馈孩子一周的作业情况，那么，我是否可以在反馈栏里，为每个学生都送上一句话呢？

对，只是一句话！

学号	送你一句话
19	作业从始至终都端端正正，课堂从始至终都是全神贯注，他们羡慕你的优秀，然而我更明白你的全力以赴。
20	自信的你，敢于发言的你，真的是太闪耀了。
21	书写漂亮，每一次作业都认认真真，特别了不起！速度再提升一下，就更棒哦！
22	大家都说你是一个很温暖的朋友，谢谢403有你！
23	这周的表现比上周好，听课认真了，作业上交及时了，恢复状态，王者归来！
24	我相信你，请不断努力，变成光，照亮自己！
25	永远那样向阳向上，不断追求进步，真让人喜欢！

"送你一句话"一

这个学生终于敢举手发表自己的观点了，于是我在备忘录上写上："自信的你，敢于发言的你，真的是太闪耀了。"那个学生一直刻苦努力学习，于是我在备忘录上对他说："……他们羡慕你的优秀，然而我更明白你的全力以赴。"也有的学生学习时而认真时而松懈，于是我在备忘录上这样提醒他："能够跑到最后的，一定是有持久力的，加油呀。"

学号	送你一句话
27	能让我们走得更远的，不一定是我们所谓的聪慧，或许只是每一天的脚踏实地。与你共勉！
28	这周状态很不错，速度在加快，听课更专注，继续努力哦！
29	我一直相信你，以前是，现在是，以后仍是！加油，小姑娘！
30	能够跑到最后的，一定是有持久力的，加油呀！
31	这个学期小宇宙爆发了，发言积极而有深度，赞！
32	靠谱少年！自己的事样样到位，交给你的任务也完成得非常好！谢谢你！

"送你一句话"二

我的做法立刻引起了学生们的注意，拿到备忘录后，他们马上觉察到了不同之处。看到自己学号边上对应着的留言，他们就知道，这周我关注着他们每一个人，一个都不落！

下周，当我把备忘录发下去时，他们直接翻到了"送你一句话"所在的页面。这时，总有学生惊喜地叫着："看，沈老师送给我的那句话最长！"于是，其他学生的视线马上跳到了那一句。他们虽然有些羡慕，但还是会不服气地说："你看，沈老师说喜欢我呢！"我也因此有了一种被重视的感觉。我忽然发现，原来一句话对于学生来说是那么重要！

不仅如此，家长的反馈也让我意想不到："沈老师，谢谢你喜欢我们家的孩子"；"沈老师你说孩子很优秀，是你的鼓励和认可，让孩子越来越好，我发现他变得更自信了"；"沈老师，上周你说小家伙写作业的速度有点慢，这周不知道有没有进步，我都已经在等下周的备忘录了"……

有些事总是伴随着意料之外的惊喜。令我没想到的是，简短的一句话，竟然成了学生和家长共同的期待。原因无他，只因这句话是单单写给这个学生的，而这句话每周都有，每周都不一样。

就这样，一周又一周，一年复一年。虽然我的学生换了一群又一群，但"送你一句话"始终出现在我的每一份备忘录中。

是的，只是一句话！但这句看似简单的话，我已经坚持写了9年，18个学期，320周。

"真正的教育在于细节"，这是信达传递给我的理念。许许多多的信达人就这样坚持着，把普通而微小的事情揉进如流的岁月，汇入教育的长河。因为我们相信，总有一些微小的事情可以不断散发出力量，穿越重重雾霭，抵达光明辽阔的彼岸！

（沈雅苹）

备忘录上"略施小计"

一期又一期的备忘录，伴随着我和学生走过了一个又一个春秋。在备忘录上"略施小计"，是我走进学生内心世界的法宝。

每周四晚上整理一周的学习反馈是我的习惯。今又逢周四晚上，在整理学习反馈时，今早的一幕浮现在了我的眼前。

"阮老师，我们班男生太讨厌了！"几个女生七嘴八舌地向我告状，"他们老给我们起外号！""是的，他们起的外号太难听了，有点侮辱人的感觉……"

我很惊讶，这个行为之前在班里出现过，当时我曾严厉地批评过他们言语不文明，怎么现在又有人组团来告状了呢？

"是这样的，阮老师。虽然他们现在不敢大声喊我们的外号，但下课时，他们会在我们耳边小声地喊难听的外号。""对的对的，而且是不停地重复，真的太烦了……"

起外号现象为什么屡禁不止呢？

既然屡禁不止，不如让学生来场大讨论吧！于是在这周的备忘录上，我增加了"班级讨论台"这个栏目，本期讨论主题为："外号——让我欢乐？让我忧？"

学生拿到备忘录，立刻被不一样的版面和内容吸引了。

"外号！我最讨厌别人给我起外号了！"女生小翁一脸愤然。

男生小王则得意扬扬地说："我最会给别人起外号了，等下我得好好写写！"

我乘机引导他们："外号会影响我们的情绪，你可以把对你情绪影响最大的外号写在大泡泡里，影响小的写在小泡泡里，还可以写下你的感受。咱们下周回来交流。"

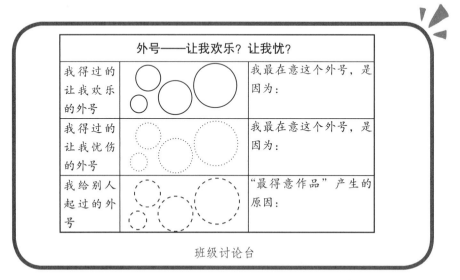

周一，我收到了 43 份"作品"。从大大小小的泡泡中，我读出了学生们的酸甜苦辣。

"一开始，当他们叫我'小博士'的时候，我很开心，因为这个外号是对我的肯定。但是，当我考砸的时候，同学们的语气和表情让我觉得这个外号充满了讽刺。"

"每次听到'小胖墩'这个外号，我表面上无所谓，但内心很受伤。这个外号也太不尊重人了！希望大家都不要互相取外号，这是侵犯他人的姓名权和名誉权！"

"我喜欢大家叫我'飞毛腿'，这说明我速度快，我希望我学习进步的速度也能这么快！"

"我喜欢给我的朋友起外号，这是关系好的表现。我也喜欢关系好的朋友叫我'王子'或者'大王'，还挺有趣的！"

"我希望能禁止给同学起外号，因为很多外号的出发点就是不好的，容易让同学受伤。"

…………

学生们的情绪仿佛要从备忘录中溢出来了，他们一定很需要一个情感表达的窗口。于是，我趁热打铁，设计了一节主题班队课——"外号——让我欢喜？让我忧？"

"我们到底可不可以给别人起外号？"辩题一出，一石激起千层浪。有的人说："外号很幽默，互相叫外号可以拉近距离、增进感情，比如'及时雨'。"有的人说："每个人都有大名，还有英文名，同学之间就应该互相尊重，好好称呼。"还有的人说："善意的外号是朋友关系的证明，恶意的外号则会破坏友谊，引发同学矛盾。"

"那么，好的外号是否一定让人喜欢？"我适时引导学生们思考。他们纷纷表达自己的观点："不一定，要看说话人的语气、表情。""只有表达积极情绪的外号才让人喜欢。""要看对方喜不喜欢，而不是说话人喜不喜欢。"

"怎样的外号才是好的外号？"我让学生进一步思考。他们各抒己见。女生小翁说："好的外号应以尊重别人为前提，是彼此都乐意接受的。"男生小王说："好的外号应以欣赏和赞扬为目的，要能体现对方的优点。"更多的同学则认为："好的外号，要能体现向阳向上的文化，是雅称。""那就愿你们都能起好雅称，只有欢喜没有忧！"我打趣道。"放心，肯定能！"学生们异口同声地说。

"攻城为下，攻心为上。"通过在备忘录上"略施小计"，我们可以让学生学会换位思考，将心比心，明白即使是起外号这样的小事，也需要谨言慎行。

（阮秀苹）

见字如面

每逢周一，我最期待的便是备忘录上的"留言板块"。

见字如面，"留言板块"似乎成了我和学生、家长沟通的又一平台。每到周一，我都会分享学生、家长的留言。我们彼此都会格外期待这一天的到来。

一周又一周，每周都有不同的留言分享。但我发现小天的备忘录始终是一片空白。

小天是一个腼腆的男生，在四年级时转学而来，极少和同学们来往，说话常常惜字如金，"嗯""是"是他最常用的回答。

如何走进孩子的内心，帮助他尽快融入新环境，的确让我有些头疼。无论我怎么努力，他的心就像是对外上了锁，怎么也撬不开。

我该如何走进孩子的内心，打开他的心锁呢？对此，我有些束手无策，但也只能按捺住心中的那份担忧与焦虑，等待时机出现。

一次晨谈，我正分享着学生们的留言，突然发现他听得饶有趣味。当我把目光投向始终端坐着的他时，从他眼角，我居然瞥到了一丝淡淡的笑意，它像是一束光照进了我的心田。

有希望了！我的脑海里闪现了一个念头，于是我在小天空白的备忘录上写下："期待你的分享！"

某个周一的早晨，阳光洒在窗台上，我一页页翻阅着那叠备忘录，突然，熟悉又陌生的字迹映入眼帘。是他，这是小天的字迹："周六，我在门口的池塘边钓了小龙虾。"

一句简单的话语，似一缕清凉的风，掠过我的心头！我激动地写下："真羡慕，老师小时候最爱做这事，谢谢你勾起我童年美好的回忆。"

从此，每周的备忘录上，他都会写上一两句。有时他写："妈妈说这周要降温了，您比我们更早到校，要注意保暖！"有时他这样留言："上周的体育课，我们和隔壁班打了篮球比赛，我们班赢了！"有一次，他说自己越来越喜欢语文课了……正是这样的留言，让我们彼此有了更多的话题。

突然有一周，留言又消失了，我有些诧异。到了课间，我特意找他聊天，他的回答依然只是"是""嗯"。同他眼神交会的那一瞬间，我发觉他有些躲闪。腼腆的他，微微抬起头，眼里闪着泪花。

原来，他的学习基础薄弱，尽管已经很努力学习了，却仍然跟不上同学们的脚步。那一周，他因为成绩差被妈妈狠狠地批评了，他妈妈甚至故意"威胁"他，不给他在备忘录上签名，以此警告他下次要努力学习，争取好成绩。所以，他也就不敢在备忘录上留言了。

我抹去他眼角的泪水，与他促膝谈心，安慰他，鼓励他。随后，我在他的备忘录上写道："天道酬勤，努力的孩子最可爱！"

此后，我发现小天的笑容更灿烂了！那是我第一次在他眼里看到了光芒。

从此，为他写留言、读他的留言成了我们之间的一种默契。有时，我会写上一段长长的评语；有时，我会分享自己经历的一些趣事；有时，我会给他写上一段鼓励的话。

我想，我要练就一双慧眼，用这双慧眼去发现这个学生身上哪怕一点点的阳光，照亮他的内心，改变他，温暖他。

"这周的你，端坐的样子真帅气！"

"没想到，你还是个踢毽子高手哦。"

"认真的孩子最可爱，本周作业字迹工整，表扬你！"

…………

而他，或是轻轻写下些许承诺，或是默默做到更好。文字是有力量的，我们彼此诉说着，温暖着。

有一周，我又看到他在备忘录上写下留言。虽然字迹有些飘逸，但是通过大大的感叹号，我可以明显地感受到他那份激动的心情："爸爸回来了！"

那几天，小天身上有了孩子样，会笑，会跳，会和同学们游戏玩闹。每当我望向他时，他虽然有些羞涩和怯意，却不再躲闪。那期备忘录，我如此回复他："太开心了，爸爸回来了，老师从没见过小天的爸爸，我也好期待能认识他。"

拿到备忘录的那一刻，他偷偷看向我，我也默默注视着他。

那天放学，小天牵着爸爸的手来到我的身边，脸上洋溢着灿烂的笑容。

那周，我在备忘录上看到了小天爸爸满满当当的留言。通过这些真挚的文字，我对小天及其家庭有了更多的了解。小天爸爸工作繁忙，偶尔才能回家。从幼儿园开始，小天已经转学三次了，一次次分离对他的性格造成了一定的影响。通过留言，我也感受到了父亲对孩子深深的愧疚与满满的期望。

从那以后，我依然每周和小天用文字交流着。通过备忘录留言，我感觉自己越来越能读懂他的所思所想，也越来越知道怎样去帮助他了。与此同时，小天与我分享的开心事也越来越多。

小天父亲的备忘录留言

备忘录上，留言成了一种无声的交流。通过给彼此留言，我与学生、与家长间的距离也越来越近了。

见字如面，通过每周备忘录留言的方式，用文字和另一个心灵沟通，谁又能说这不是教育的另一种艺术呢？

（沈玲玲）

每一个孩子都是一颗闪亮的星

（一）"妈妈不让我画画"

小畅是一个特殊的学生，听课时常不在状态，眼神迷离，成绩也相对落后。下课时，我也很少见他和同学们一起玩，似乎总是沉浸在自己的世界里。

有一天午睡结束后，我发现别的学生都开始整理自己的物品了，而他却睡眼惺忪。一转眼的工夫，我便看到他又趴在桌子上继续睡觉。

下午第一节是语文课，好几次我经过他身边，都看到他趴在桌子上睡觉，于是我摸摸他的头，想尝试唤醒他，可他依然睡得很香。

下课后，我马上联系小畅的妈妈：晚上让孩子早点睡哦!

"哎，蔡老师，怎么办啊? 我也是头痛啊，这一天天的，不知道他脑子里在想些什么? 做点作业磨磨蹭蹭，晚上很晚还不肯睡。"

"那他在干吗呢?"

"不知从哪里捉来了一只螳螂，他每天就趴在那里看啊看，画啊画。"

随着和他妈妈聊天话题的不断深入，我发现小畅不仅对螳螂，他对所有的昆虫，甚至对所有的小动物都很感兴趣。他妈妈时常为此头痛不已，却又束手无策。

第二天一早，我把小畅叫到我身边，问他："小畅，听说你喜欢研究昆虫?"

小畅平时是一个略显木讷的学生。但当听到我的话时，我明显感受到此刻的他眼里有了光，和平时判若两人。

"是的。老师，我还画了下来。"

"真的吗？"

"可是妈妈不让我画。"

"你自己真的很喜欢，对吗？这样吧，今天的语文作业你先不用做，你把自己平时的画整理一下，然后挑几张最满意的，明天带来给老师。"

第二天，当小畅把一幅幅画呈现在我眼前时，我惊呆了！

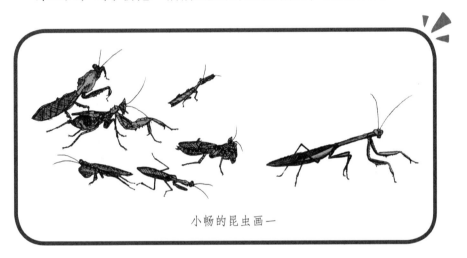

小畅的昆虫画一

（二）成长的道路千万条

新一期的备忘录即将出炉。

"小畅妈妈，我想在这一期备忘录上刊登几幅他的画，然后请别的家长谈谈看法，可以吗？"

"好的呀，蔡老师，我也想听听其他家长的建议和想法。"

于是，在新一期备忘录"佳作欣赏"板块，我刊登了小畅的昆虫画，并在最后留言道：

各位家长，在我们班有一个学生，他的名字叫小畅，虽然他是一个普通的孩子，但他有一双善于观察和发现的眼睛，他对画画感兴趣，尤其喜欢画昆虫。今天，我特意挑选了几幅他的昆虫画，邀请大家共赏。虽然他非常喜欢昆虫，可是出于对学习成绩的关心，他的妈妈很担心孩子会因此"玩物丧志"。同样作为家长，您是怎么看的呢？

小畅的昆虫画二

周一，备忘录如期上交。

"哇，画得太好了！我们家孩子羡慕得不行呢。"

"我觉得挺好的呀，孩子有自己的爱好，不像我们家小子，只知道瞎玩。"

"每个孩子都有自己的长处，没有必要和别的孩子一样。"

"很多名人小时候都有自己的弱项，说不定小畅长大了会是我们班最有出息的那个呢。"

"每个孩子都是独一无二的，我建议小畅家长可以去找专门的机构或老师辅导。"

"小畅以后不一定要走读书考试这一条路，但是文化基础还是要兼顾。"

"成才的道路千万条，小畅长大了说不定能成为昆虫学家。"

…………

家长们纷纷在备忘录上留言，各抒己见。

（三）每一个孩子都是一颗星星

我把大家的留言整理好发给小畅妈妈，家长们的留言给了她莫大的信心与鼓励。

"谢谢这么多有爱的家长，以前我总担心孩子这样下去会废了，现在我知道了，小畅能有自己的爱好是一件好事，我会支持他。也谢谢蔡老师，总是给我们搭建这样的交流平台。"

期末，我把一套法布尔的《昆虫记》送给小畅，并写上勉励的话。

当我把他推荐给学校美术组的姚老师时，姚老师如获至宝。

毕业前夕，学校还专门为他办了一场毕业画展。

　　如今，小畅在一所艺术学校读书，仍坚持着自己的爱好，性格也更开朗阳光。

　　每一个孩子都是一颗星星，会在特定的时间闪耀。只要给他一片广阔的天空，他就一定会绽放出属于自己的光芒。

（蔡国文）

欢喜同桌

每个孩子都是独一无二、与众不同的，都是世间的孤品，都有独特的天赋和成长密码。教育就是，月亮不圆也很美。

（一）"我不想和小鱼做同桌了。"

"我不想和小鱼做同桌了。"

男孩小晨低着头，憋红了脸，仿佛费了好大的劲儿才跟我说出这句话。

其实小晨妈妈早就向我反映过，小晨几次回家向她哭诉：同桌小鱼经常打翻水杯，害他的书本也跟着遭殃；做眼保健操时，小鱼不停地抖腿，影响他做眼保健操……

无奈之下，我只能像宽慰小鱼的前几任同桌一样，劝说小晨母子："咱们男孩子心大一点儿，别让这些'小事'影响了同学之间的交往。"

可是我知道，这些"小事"就像滚雪球，已经在小晨母子的心里越滚越大。

（二）"我想一个人坐……"

女孩小鱼眼里闪着泪光，里面既有恼怒又有委屈。

"我想一个人坐……"她站在那里，局促地揉搓着双手，似乎那双手无处安放。我知道，同样无处安放的，还有她那颗受伤的心。

小鱼是我们班里一个独特的存在。她的独特在于，身上有着现在孩子鲜有的"邂逅"：衣服总是湿哒哒的，上面沾满口水；鞋子要么半脱半穿，要么被踢到远处，还散发着不洁的气息；在她的课桌里，书本、文具横七竖八，属于她的那一方地面，也永远散落着各种物品，铅笔、橡皮、纸巾……

是啊，没人愿意做小鱼的同桌，她也不愿意和别人做同桌。

但作为老师，我要思考的不仅是这个孩子可能存在怎样的问题或者障碍，更重要的是应该怎么去解读这个孩子与世界相处的方式，怎么帮助她成为班集体中一个和谐的音符，让她感受到作为班级"普通一员"的幸福。

（三）"小鱼真善良！小鱼真有创意！"

"本期话题"是备忘录中的特别板块。在这个板块中，我会根据时令、校园班级生活等提供相应的话题，让学生"我手写我心"。通过这个板块，老师、家长和学生可以有理有据地表达自己的观点和看法，甚至是一些天马行空的想法。

比如，在"世界哲学日"那天，鼓励学生围绕话题"人类为什么要发明手机？"发表观点；在六一国际儿童节即将到来之际，推出话题：我想这样过"六一"。

每次我下发备忘录后，学生就会三五成群将小脑袋凑在一起，寻找优秀观点。这时候，教室里总是充满欢声笑语。

那一周备忘录"本期话题"板块的主题是："想象：如果童话中的人物来到我们的世界，你选择和谁做朋友？"

学生们看到了小鱼的作品后，不知是谁跑过来，用惊讶的语气跟我说："周老师，小鱼真善良！小鱼真有创意！"

小鱼的作品

小鱼用她的画和文字让我们看到了她的思考和想象，更让我们赞叹她笔下的美好与善良。

随后我发现，此时的小晨，在围观了小鱼的作品后，竟喜不自禁地鼓起掌来。

(四)"真是一对优秀的同桌！"

备忘录的一次作品展示，让我看到了解决同桌难题的突破口。

小鱼虽然外貌不洁、行为不雅，但课堂上积极举手发言的学生中总少不了她。在看图写话的练习中，她总是妙语连珠，偶尔还会想出一些小笑话来，惹得大家哈哈大笑。

小晨不也是个"乐天派"吗？求同存异，或许可以解决同桌问题。

于是，我让小鱼把她写的童话和漂流日记跟小晨分享，生动的情节引得小晨眉开眼笑。

班队课上，我特意介绍小鱼设计的小游戏，让她带领身边的同学一起玩。

课堂上，我常常给这对同桌合作展示的机会，并在全班面前大力表扬他们："真是一对优秀的同桌！"

（五）"我愿意跟你继续做同桌。"

一段时间后，当我问小晨和小鱼，是否还愿意继续和对方做同桌时，他俩一致回答："我愿意。"

不久，备忘录上又出现了我安排的一个新话题："我有一个（　　　）的同桌，他（她）……"

小晨的一句"我很佩服她"让我看到了他对小鱼的欣赏；而小鱼的一句"我很感谢他"更让我悬着的心放了下来。

"无处安放"的同桌，终于有了归处，这让我很是欣慰。

当然，小鱼不会从此脱胎换骨，但我相信只要稍加提醒，她就会向着理想的方向渐渐迈进。

日后，同桌两人的相处也不总是风和日丽的，但常常能"一笑泯恩仇"。"同桌冤家"终于成了"欢喜同桌"！

事实上，只要我们不停止发现的脚步，就能听到花开的声音。我们要引领学生向阳向上，让他们学着海纳百川，学着自我完善。

（周林丽）

冬至的礼物

孩子的成长，就像冬至的夜晚，需要花很长的时间去准备。等未来某一瞬间抬头时，你就会惊喜地发现孩子已经完成蜕变。而备忘录，早已悄悄帮你记下了孩子是如何变化的。

（一）"孙悟空"哪有这么容易收服

我最初遇见茉莉时，她才上一年级。

怎么会有小朋友爬到课桌上跳来跳去！

我又担心又生气，连忙跑过去把她抱下来。结果这个茉莉同学居然说："老师，真好玩，再来一次吧！"我真的要被她气晕过去！

第一次上课时，我看她东摸摸、西摸摸，甚至用铅笔搭起了"积木"。直到有趣的拼音游戏环节，她才抬起头，赏脸玩了一会儿游戏，之后又迅速地低下了头，再次进入自己的世界。

眼见"利诱"无效，我就只能"威逼"了。

我突然提高了讲课音量，再次怒目看向她。终于，她被我的声音震得一个哆嗦，搭好的"积木"也全都散了架，老老实实待了一段时间。

但我知道，"孙悟空"哪有这么容易被收服。于是我手握备忘录，开启了和这个小家伙斗智斗勇的旅程。

（二）我想拿三星

午睡不睡，在小床上翻来覆去，甚至开始翻抽屉里的文具——两颗星；上课不听，屡屡提醒才能回归课堂——两颗星；书写不端正，笔画七扭八歪——两颗星。

没错，这就是我们班备忘录上的"生活学习星级反馈表"。在这张表上，我们用星星等级来帮助家长直观地了解孩子在校各方面的表现情况。

第一次拿到备忘录时，她还不以为意（也可能是因为当时还大字不识几个）。只见她高高兴兴地回家，垂头丧气地返校。她也不知道，因为备忘录上的反馈，她的爸爸妈妈已经和我私下沟通过了。我们双方商量了一下，看看该如何一起发力，帮助她成长。

"茉莉，你怎么了？"

"我备忘录上都是二星，被爸爸批评了一顿。"

"为什么呢？"

"我上课没有专心听讲，也很少举手发言，字写得也不好，午睡还不乖。"

"那你想拿三星吗？"

"想啊！"

"嗯。那你现在有很多二星，一下子全部拿三星很困难，不如我们先争取拿一个三星吧！从午睡开始怎么样？争取这一周，午睡变成三星。"

"好！如果我做得不好，杨老师要记得提醒我。"

于是，这一周的午睡时间里，她都老老实实地躺着，没有说话，哪怕睡不着也只是安静地休息。

等这周备忘录发下来时，茉莉高兴地亲了两下自己手里的纸。她成功拿到了一项三星！这是通过她自己的努力获得的！回家后，她也因此得到了爸爸妈妈的夸奖。

没有人能一下子改变。茉莉能从简单的地方开始改变，已经很棒了。

(三) 光荣榜上有我了

转眼就到了一年级第二学期。

进步真的不容易。幸好经过整个学期的坚持，茉莉终于有了很大的进步。

"杨老师！杨老师！我已经好几个星期都拿三星了，而且光荣榜上好几次都有我！"

其实，我知道，每一次的"窃窃师语"，她的爸爸妈妈都会认真地阅读，从中获得一些教育孩子的灵感；

我知道，她非常在乎老师和家长对自己的评价，她渴望拿到三星，从中获得进步的快乐；

我知道，她非常在乎"光荣榜"上有没有自己的名字，希望自己也能够得到表扬。

正因为每周一次备忘录上的及时反馈，让她有了进步的动力，也让她的爸爸妈妈能清楚明白地知道她的不足之处和进步之处，这一切都对她产生了正向强化。

于是，我们全班都看到了她在行为习惯、课堂纪律、学科成绩等各方面的进步，见证了她的成长。

(四) 想给我们一个惊喜

二年级时，我在语文课上为学生讲解冬至，分享中国传统文化。她听得十分入迷。等到下课时，她居然送给了我一首自己创作的小诗《冬至》。这一刻，我才发现这个学生已经开始蜕变了。

于是，我决定回赠她一份专属备忘录，作为冬至的礼物。

在这份备忘录里，有她非常在乎的星星评级。通过这份备忘录我想告诉她，这3年里她的进步情况。

在这份备忘录里，也有她非常在乎的光荣榜。很幸运的是，她拿到了"书写之星""助人之星""进步之星""足球小将"。

但她明白，自己还需努力再努力。

就像她写给我的小诗《冬至》："冬至为什么晚上时间那么长／我猜啊／是因为冬至的夜空想给我们一个惊喜……"

茉莉的小诗《冬至》

时间的轮轴转了2年，茉莉带给我们的惊喜终于出现。

我对茉莉的成长怀揣着无限希望。无论是世界，还是孩子，都有自己的运行节奏，或许冬至的夜很长，但从第二天开始，白昼将会不断赶超黑夜。

未来我们可能还会面临失望，世间万物都在交替变化。同样，学生和我们也是在失望和希望交替中不断成长的。

但我相信，只要把握住成长的机遇，茉莉定会开出最芬芳的纯白花朵。

（杨佳怡）

备忘录"变形记"

傍晚时分，天色渐暗，窗外的天空由淡蓝色逐渐变为橘黄色，最后，随着一抹余晖隐入地平线，天色完全暗了下来。

此时，备忘录的制作接近尾声。突然，一阵轻微的敲门声响起。我开门一看，是学生小南来办公室找我。他妈妈最近工作忙，所以将他晚托在学校。今天写作业遇到了难题，所以来寻求帮助。

我赶紧停下手头的工作，和他一起分析问题、解决问题。最后，他满意地抬起了头，对我腼腆一笑。这笑容仿佛一朵盛开的花，散发出清甜的芬芳，驱散了我一天工作下来的疲惫。

离开办公室前，小南瞟了一眼我的电脑屏幕，说："老师，你在写备忘录啊？我的作业错误好多，又要挨妈妈训了。"说着，刚才还挂在他脸上的笑容瞬间不见了，取而代之的是紧皱的眉头、忧愁的面容。

说者无心，听者有意。从小南的话语中，我听出了他满满的担忧：原来，我在每周的备忘录中会反馈学生作业中的错误情况，那些错误很多的学生，可能周末就无法愉快地度过了。

我看着刚刚制作的备忘录，电脑屏幕上显示着每个学生的作业情况：对于那些每天作业都是☆的学生，我仿佛透过这些☆看到了一张张自信阳光的笑脸；而对于那些作业中有不少错误的学生，他们是否都像小南一般紧皱眉头、满面愁容呢？

学号	周一		周二		周三		周四	
	回家作业	课堂练习	回家作业	随堂测试	回家作业	知识小测	回家作业	课堂练习
1	☆	☆	☆	☆	☆	☆	-1	☆
2	-1	☆	☆	-1	☆	☆	-2	☆
3	☆	☆	☆	-1	☆	-1	☆	-1
4	☆	☆	-1	-2	-1	-1	☆	-1
5	-4	☆	-1	-3	-1	-2	☆	-1
6	☆	-1	-1	☆	-1	☆	-1	☆
7	☆	-1	☆	-3	☆	-1	-1	☆
8	☆	-1	☆	☆	☆	-1	☆	-1
9	☆	☆	☆	☆	☆	☆	☆	☆

学生作业情况反馈表

每周备忘录的用意是什么？难道只是为了向家长反馈孩子们在校的学习情况？每天的课堂作业对了几题？上课是否积极参与课堂？书写是否规范？作业是否及时上交？有错误是否及时认真订正？……我每天详细地在"学生作业情况记载本"中记录，再认真反馈给家长，这些工作真的给每个学生的成长带来助力了吗？

作为他们的数学老师，除了教给学生数学知识，对有关他们健康成长的方方面面，我是否都给予了足够的关注？虽然我不想承认，但小南的表情告诉我，备忘录让他很忧伤。

备忘录是连接老师和家长之间的纽带。通过备忘录，家长可以了解孩子在学校的表现情况，清楚孩子的学习状态，但作业情况只是学习状态中的一部分。教育的主体是学生，那么通过备忘录，学生从中可以取得哪些收获呢？

德国教育家第斯多惠说过："教学的艺术不在于传授本领，而在于激励、唤醒和鼓舞。"一份好的备忘录不就应该具有激励、唤醒、鼓舞学生的功能吗？

小南可爱的小脸和紧皱的眉头在我脑海里交替出现，让我久久不能平静。他觉得自己周末要被妈妈训，是因为他的作业中出现了许多意想不到的错误。如果我只反馈作业情况，就好像只揪着他的不足之处了。实际上，小南的优点非常多，他性格开朗、风趣幽默，是全班公认的"开心果"。

像这样的学生班上还有很多。比如小波，学习努力，乐于助人，在班级里拥有极好的"同学缘"；比如小驰，发言积极，妙语如珠，是同学们心中的"智多星"；还有小熙，慢条斯理，思路清晰，后劲十足。那么，我们该怎样有效激励这部分学生，唤醒他们向上生长的生命力呢？

那一周的备忘录发下后，我和学生约定：以本周作业反馈作为参考，之后的一周你要和"上周的你"竞赛了。如果你的错题数越来越少，你可以获取积分奖励。连续两周错题数都减少的同学，可以获取双倍积分奖励。

规则一出，教室里最开心的竟然是错题数较多的学生，错题数少的学生在我的激励下，也自信满满地向更好的自己发出了挑战。

从那以后，我更关注学生一段时间内的成长。有的学生书写更工整了，有的学生上课发言更积极了，还有的学生做题更仔细了。在备忘录上受到表扬的学生越来越多。通过备忘录，班级里掀起了一股与自己竞赛的热潮。

教育最大的确定在于不确定。我们面对的是一个个活泼的孩子，孩子的成长过程不是一成不变的，教育的方法也不能一劳永逸，方法用久了就不灵验了，得换"药方"。

后来，我向身边的同事学习，在备忘录上陆续增添了不少新板块："光荣榜"——表扬有进步的学生，对其给予鼓励，希望他更上一层楼；"与您交流"——与家长交流孩子成长过程中出现的问题，一起探讨解决的方法；"与您分享"——看到精彩的教育案例，我也会分享给家长阅读，希望以此启迪教育智慧。

【与您分享】

　　一位女士去朋友家做客，闲聊间看见朋友不满 3 岁的孩子试图将一把钥匙笨拙地插进锁孔中，想要打开卧室的门。可由于身高和协调性都不够，怎么也打不开。女士见此，不忍心再让孩子"遭罪"，便连忙走过去想帮助他一下，却被朋友阻止了。朋友说："不要去打扰他，让他自己先犯些'错误'吧，让他在'错误'中探索琢磨怎样打开门，这样他就再也不会忘记怎样开门了！"果然，折腾了许久后，孩子终于将门打开了，他开心地拍起手来。

　　【启迪】孩子在成长的过程中，总会面对各种"错误"，自己也会不断经受"错误"的摧残。许多家长唯恐自己的孩子出错，或不忍心孩子受错误的摧残，会立刻帮助孩子纠正错误，而这样做的结果往往是孩子还会一错再错，甚至错得更厉害。如果孩子碰到类似的情况，您会怎样处理呢？

备忘录"与您分享"板块

又到了发备忘录的日子，小南正拿着备忘录认真阅读着，这一期备忘录上登载了他帮助同桌共同进步的小故事。一缕阳光透过玻璃窗映照在他脸上，我清清楚楚地看到他脸上挂着淡淡的微笑。

（陈美娟）

点亮那颗星

一年级入学前一天，学校举行了入泮礼。活动现场，学生们都带着一股子新奇劲儿，大部分全程认真参与。只有小新一人在这个环境里显得格格不入。只见他一会儿蹲在椅子上，一会儿站起身来往前探。当我提醒他时，他竟然还朝我做了个鬼脸。那一刻，这个"非同一般"的孩子正式走进了我的视线。

果然不出我所料。这孩子经常上课开小差，甚至不举手就大声说话。我如果提醒他，他就瞪我一眼。

作业书写字迹歪歪扭扭，我每天都手把手教他，可他还是不愿意认真写，顶多在你督促他时随便写上几笔，颇有敷衍糊弄之意。

通过跟学生家长的几次沟通，我渐渐了解到，小新父母都是做生意的，平时很少有时间管教孩子。在上小学以前，小新一直跟着爷爷奶奶在老家生活。他不愿意听从不算亲近的父母，也不太适应现在的生活。

如何引导小新更积极地学习和生活呢？我不断地思索着。正当我一筹莫展时，备忘录为我开启了一扇大门。

那一期备忘录，小新的名字比以往写得漂亮多了，他也因此迎来了"高光时刻"。当我翻阅备忘录准备写反馈时，发现小新的那一份备忘录上多了个可爱的笑脸。于是我也给他画了一个笑脸，并回了一句："加油！"

没想到第二天早上，小新竟主动凑到我耳边，悄悄说了句："老师，我会加油的！"说着，他把作业本塞到了我手上，等我反应过来时，他早已跑开了。

看着那一页"横平竖直"的字，对比以往"歪歪扭扭"的字，我不禁莞尔一笑：这颗星星定能被我点亮！

继第一次"秘密留言"之后，在下一期的备忘录上，小新把笑脸换成了一串拼音："老师，我很开心。"我也回复道："看到你的进步，老师也很高兴，课堂上要积极举手发言哦！"

此后我们俩的"秘密留言"越来越丰富。

"小新，这一周的语文课，你表现得真棒！"

"老师，我会继续努力的。"

"小新，要是你上课能坐端正就更好了。"

"老师，我下周一定坐端正。"

"小新，你真会关心同学，谢谢你送小婉去医务室，你真是个有爱心的男子汉啊！"

"老师，我喜欢帮助同学。"

小新的进步有目共睹：作业书写越来越工整，课堂上听课越来越认真，举手发言越来越积极……

我和小新妈妈分享了我们之间的对话。小新妈妈听后，很是感动："老师，真的谢谢您，要不是遇到了您，这孩子不会有这么快的转变。谢谢您的鼓励，谢谢您的用心。"

此刻，我体验到了一名园丁的收获与责任：每一朵娇嫩的花苞都需要精心呵护，每一株待发的小芽都值得细心照料。

陶行知先生曾说过："谁不爱学生，谁就不能教育好学生。"这份爱不一定轰轰烈烈，却能如春雨般滋养万物，细润无声。

我和小新在备忘录上的交流仍在悄然进行，我们约定一起守护好这片"秘密基地"。我们在这里交流着，鼓励着，彼此成长着。在不知不觉中，我已经点亮了这颗小星星。岁月漫漫，唯愿点亮更广阔的星空。

（吴姝爽）

是你的惊喜日啊！

（一）这是惊喜的一天，你也想要吗

阳光从南窗斜照进走廊，孩子们披着光，鱼贯进入教室。奶声奶气的问好声加上那沐浴在朝阳中的微笑，令这寻常的周一顿时温馨了起来！

收回的备忘录被整整齐齐地叠放在讲台上，我按照惯例一一翻阅并回复。翻到最后一份时，我竟发现它的底下贴着一张折叠整齐的宣纸。这是哪个学生的杰作呢？我小心翼翼地展开宣纸。

精致的宣纸上用端庄工整的楷书写着一首诗：

戴仰恩师秉丹襟，

晓风如是润斯心。

玲珑心有精巧意，

教学得似绕梁音。

还是一首藏头诗呢！看到诗下方的落款，我才知道这是那个写字最认真、笑意最甜的小雯写的

作为一个老师，常有学生给我送字、送画、送贺卡。每次收到他们用彩笔细致涂抹的绘画，或用小手认真创作的作品时，我都会高调地举着作品宣布："今天真是我的惊喜日啊！等你们长大成为某某家的时候，我可厉害得不得了啦，某某家是我的学生哎！你看，这是他小时候的作

品呢！”

但把我的名字写进诗里的藏头诗，我还是第一次收到。一种太过强烈的温暖，竟让我一时说不出话来。

因为我知道，小雯已经精心策划了很久。就在上周，她让我猜这周一是我的什么日子。当时我还想了一下，这日子没什么特殊的啊。实在想不出时，我就捏了一下她那灵动的小鼻子，随口说："普通平凡的上班日啊！"她张了张嘴，似乎不是很满意我的回答，于是头一歪，笑着说："是你的惊喜日啊！"

当时我还煞有介事地告诉她："我最想要的惊喜就是你考出自己最满意的成绩！"现在想想，自己是多么不解"风情"。

后来，小雯妈妈告诉我，她每次完成书法作业，都要请书法老师为她示范另外几个字的写法，而那几个字正好是我的名字。上周末她在书法课上写好了诗，一再交代书法老师要为她保密，说要赶在元旦前给我送惊喜。这一切，连她的妈妈都被蒙在鼓里，我对此更是一无所知。

孩子，谢谢你，让我永远地记住了这份贴着你小小心思的备忘录，记住了这个与众不同的周一，这真是我人生的惊喜日啊！在以后的每一天，只要一想起这份备忘录，想起这个周一，幸福的感觉就像被风吹散的蒲公英一样，在我的周围随风飘荡。

（二）这是温暖的一天，你也想念吗

小彤给的喇叭花已经在我家的阳台里安居了 7 年。你看，那漂亮的紫红色喇叭花像极了文静的小彤和那群总爱蹑手蹑脚地跟在我身后的学生，我怎么也看不厌。

开春后，小彤又让妹妹给我送来了紫蓝色喇叭花的花籽。我把它和紫红色喇叭花种在一起，它们很快就破土而出，在春风中沿着一根根绳子扶摇直上，长成了一面绿墙。

一个夏天过去，它们都不曾开花，我有些失落。秋季开学以后，我日日早出晚归，常顾不上多看它们几眼，时常忘了给它们浇水。

一日早晨起来，我推开阳台门，调皮的紫蓝色、紫红色喇叭花意外地闯入了我的眼帘，它们在对着我"挤眉弄眼"呢。我的牵牛花终于开了！我迫不及待地走近牵牛花跟前细数，整整10朵呢。是花总有绽放的一天，这句话说得一点儿也没错。"又是一个惊喜日啊！"我抑制不住心头的喜悦。

我把喇叭花的花籽收集起来，准备奖励给班里的学生。春天如约而至，我举着花籽，对他们说："今天，戴老师要送给你们一份惊喜哦！"学生们的眼睛里顿时冒出了亮光，他们大声喊着："谢谢戴老师！"当花籽落到一个小女生的手中时，她小心地捧着，欢喜地看着，我清晰地听到她的嘴里喃喃地吐出几个字："今天，是我的惊喜日呀！"我不由得心头一暖。

随后那些收备忘录的日子，我发现在备忘录的留言栏里，那些"花籽"正在悄悄"发芽"，热烈"绽放"："那粒黑乎乎的花籽，是他的心肝宝贝，他没有一天忘记浇水。""喇叭花的叶片长出来了，她说像一颗小爱心，她看了又看，宝贝极了！""喇叭花开了，她高兴得又蹦又跳，照片拍了一张又一张。"

你看！生活中最美的，是和一届届学生彼此用爱、用心相处，在寻常的烟火中打捞着幸福，让每一个普通平凡的日子溢满欢喜，变成"你我的惊喜日"，收进我们人生的"备忘录"。

（戴晓玲）

偏爱"特别生"

2个班，75名学生，3年，1095天，我固执地偏爱着那些"特别"的学生。

对于一些"特别生"，我会从方方面面给予"偏爱"。比如，对于给他们的期末寄语，我会关心这些话语是否还不够让他们感受到温暖；对于和这些孩子父母之间的微信聊天频率，我会关心微信沟通的效率是否还不够高；对于和这些孩子家长之间的电话沟通，我会关心给予他们的关切和问候是否还不够多。

就这样，通过在方方面面对"特别生"予以特殊关注，我希望让备忘录所体现出的"偏爱"在每一个朝与夕、行与止、奖与罚之间流淌。

有人说，手写信是这个世界上最真诚、最浪漫的礼物。于是，一个念头涌现在了我的脑海中："写信吧，写信多浪漫！"就这样，信件式的备忘录诞生了。通过两周一次的备忘录，一场奇妙有趣的"偏爱"之旅就这样开始了。

（一）特别的它

一盆不起眼的绣球花，一份与学习无关的备忘录，让你开口与我说话。

成绩很好的小祺，平时非常沉默寡言。不管你用什么方法，怎样逗她，哪怕拉起她的小手，给她温暖的拥抱，她也只是浅浅一笑。无论你问什么，她始终不愿意张口，只是小脸涨得通红。

有一段时间，我发现每次下课后，她都会去看绣球花，有时给它浇浇水，有时轻轻地抚摸那些绿油油的叶片，眼里充满了喜爱。我想，或许我们可以在备忘录的留言板中聊一聊这株特别的绣球花。

就这样，我和小祺在备忘录"特别的你"留言板里打开了话匣子。

● **"特别的你"留言板** ●

小祺，教室门口有我们共同喜爱的它——绣球花。在你一次次的照料和爱抚下，一个个小花苞正开心地冒出来了，米粒一样的小花骨朵儿围成一圈，像一群可爱的孩子手牵着手在跳舞，中间那朵是可爱的你吗？

● **"特别的你"留言板** ●

小祺，每次走过教室门口，我都会停下脚步去看一看那朵正在开放的绣球花，四五个小花瓣组成一朵可爱的小花，几十朵小花围在一起，组成了一个大花球，我好像看见你正在花球中对着我微笑。

"特别的你"留言板一

一期又一期"特别的你"留言，渐渐拉近了我和小祺之间的距离。突然有一天，她悄悄来到我的身边，看着我欲言又止，然后又笑着跑开了。尽管那天她一句话也没说，但她的笑容深深地留在了我的脑海里。

之后，她总像小尾巴似的跟在我的身后。有一天，我拉起她的手，微笑着对她说："你真像极了绣球花中间的那朵小花！"她的脸唰地一下红了。随后，她似乎鼓起了很大的勇气，踮起脚尖，凑到我耳边说："张老师，我今天看到绣球花开得更多、更大了，一团团红色的花朵就像火红的云霞。"我开心极了，轻轻地抱起了她，她也重重地搂紧了我。

（二）特别的她

一个不起眼的你，一份关注你的备忘录，让你找到自信的自己。

小汐是一个静静的聆听者。在课堂上，她总是听得很投入，却不愿意多多参与课堂互动。她就像一粒沙被淹没在尘埃里，所以一开始并没有给我留下深刻的印象。但是，她的作业完成得非常认真，可见她的自觉与上进。

自从发现了这个特别的学生后，我就开始时刻关注她。我多期待能看见更优秀的她，看见课堂上更自信的她。我尝试让她起来回答问题，可她说话的声音轻得连同桌都听不清。于是，我开始在备忘录"特别的你"留言板上给她"写信"。

● "特别的你" 留言板 ●

小汐，今天你终于能站起来回答问题了，你知道吗？你的条理特别清晰，音色特别柔美，如果音量能再大一点，该多完美呀！

● "特别的你" 留言板 ●

小汐，老师感到特别欣喜，你最近几次回答问题的声音越来越响亮了，而且你特别有自己的想法，真棒！继续保持哦！

● "特别的你" 留言板 ●

小汐，你现在回答问题的声音既响亮又自信，老师真是欣喜若狂，好喜欢你柔美又自信的声音，希望我可以一直听到。

"特别的你"留言板二

收到特别留言后，小汐像被注入了无穷的能量。在课堂上，她依然专注听讲，但我注意到，她的眼里流露出了更多的光芒。

某次上课，在与她眼神交会的那一刹那，我看见小汐抬起的手又默默地放了下来。见此，我对她投以肯定的目光，并呼唤她起立。随后，小汐自然起身回答问题，虽然回答的声音仍有些轻，但我知道这已经是她鼓足勇气的结果了。

经过一次又一次的鼓励，慢慢地，我注意到小汐喜欢回答问题了。每次上课时，老师总能看到她那高高举起的小手。她脸上的笑容也慢慢多了起来，眼里闪烁着自信的光芒。

（三）特别的他

一个很不好的习惯，一份份你来我往的备忘录，让我知道你在慢慢改变。

时光倒流回 3 年前。在一次课堂上，我无意间发现学生小鼎有一个很不好的习惯。当时我正在上课，无意间瞥到他课堂上的小动作。只见他一边表情狰狞地啃着手指甲，一边跷着二郎腿，指甲里已是血迹斑斑，指甲盖也有萎缩现象，看着真让人心疼。

课间休息时，我装作漫不经心地与小鼎聊天："你什么情况下最想啃手指甲？"

"作业做不出来的时候；被爸爸骂，我害怕的时候；妈妈工作忙，没时间陪我的时候；一个人没事干的时候……"说着，小鼎慢慢地低下了头。

自从发现小鼎有这个坏习惯后，我也尝试通过备忘录家长留言栏和小鼎家长进行沟通。

家长留言栏

张老师，您提到的小鼎总爱啃指甲，甚至啃出血的事，我也好头疼，说了他很多次，就是改不了，怎么办啊？

家长留言栏

张老师，通过您的持续关注和反馈，小鼎咬手指的现象大有改观，学习上也有了很大的进步。感谢张老师。

家长留言栏

坏习惯的养成绝非一朝一夕的事，想要改正坏习惯也不可能一蹴而就。

为了帮助小鼎早日改掉这个坏习惯，我不断地和小鼎家长进行沟通。此外，我也去网上查找资料，积极寻求解决问题的方法。就这样，一场循序渐进的备忘录沟通开始了。

我在备忘录上的留言得到了小鼎妈妈的回复，这次的特别板块架起了我和小鼎妈妈沟通的桥梁。通过备忘录，我们互通信息，共同努力，携手帮助小鼎改掉这一坏习惯。

此后，每当小鼎忍不住想啃指甲时，他总会偷偷地看向我，然后收回手。在一期又一期的备忘录上，我都会记录下小鼎在啃指甲这个坏习惯方面的改进。他妈妈看到后，也给予了他更多的关怀与鼓励。

不知不觉间，我发现他啃指甲的频率变小了。与此同时，我们也发现小鼎身上更多的变化。他会主动帮老师发作业本，帮助同学打扫卫生。忙碌本身就是一种治愈，这让小鼎没有时间发呆，没有时间啃指甲。他也因此变得更加自信、更加努力了。

● "特别的你"留言板 ●

　　小鼎妈妈，看到小鼎的指甲已被啃秃，甚至感觉随时会被啃出血来，这个问题我咨询了一些医生，了解到孩子啃指甲的原因有很多：

　　1. 孩子缺少铁或锌等微量元素；

　　2. 孩子感到压力、紧张、焦虑时，会出现啃指甲的行为；

　　3. 孩子缺少爱抚和关注时，会通过啃指甲得到满足；

　　4. 婴儿期的口欲期的延续。

　　建议带小鼎去医院检查一下，看看究竟是什么原因，我们一起帮助孩子。

● "特别的你"留言板 ●

　　小鼎妈妈，接下来我们可以一起从以下几个方面和小鼎沟通，帮助他改掉坏习惯。

　　1. 借助他最近的拉肚子，让他知道啃指甲对身体健康的影响；

　　2. 让他知道啃指甲对上课听讲和写作业的影响；

　　3. 让他知道啃指甲对人际交往的影响。

"特别的你"留言板三

　　对"特别生"的这一份"偏爱"，始于对"爱"的"偏执"。孩子你且大胆试，失败是笔宝贵的财富，如果失败了，老师陪你一起扛。

　　对"特别生"的这一份"偏爱"，终于对"爱"的"偏袒"。孩子你且慢慢来，如果人生是一场马拉松，老师陪你一起跑。

（张海燕）

一场有关生命的对话

清晨，我如往常一般在教室里等待着学生们的到来。一声声问候如一缕缕清风般拂过我的心房。这时，我注意到了小旋，他一改往日的活泼热情，连问候都略显低沉，这让我感到有些诧异。

我敏感地察觉到，在他身上一定发生了什么。于是，我拉起他的小手，低声询问，想了解一下情况。没想到，我的一句关心却让小旋瞬间号啕大哭起来。见此，我一边安慰他，一边联系小旋的妈妈了解情况。

原来，小旋养了 2 年多的小猫"奶糖"，意外从 15 层高楼跌落，不幸死亡。小旋和妈妈一起埋葬了小猫，但是他一直沉浸在悲伤中无法自拔。

这是孩子第一次面临离别，而死亡是一件沉重的事。我该如何让孩子理解死亡呢？

短暂思考过后，我上网查阅了"如何和一年级学生谈死亡"的相关文章。通过阅读和思考，我深刻认识到，我们有必要让学生意识到死亡是生命必然的经历，并学会温暖地接纳它。于是，我从图书室选择了《当鸭子遇见死神》这一绘本，作为心理辅导课的教材。

在心理辅导课上，我微笑着问大家："同学们，寒假期间我们和小旋视频时，小旋家里的那只猫，你们还记得吗？"学生们很是兴奋："记得，记得，是'奶糖'！"他们亲切地呼唤着它的名字，可见这只猫是多么招人喜欢。

"昨天晚上，'奶糖'意外坠楼，离开了我们。"当我宣布这一噩耗时，教室里瞬间寂然无声。小旋听后，又一次号啕大哭。见此情景，我的声音也有些颤抖。

我强忍着情绪，继续讲道："'奶糖'意外坠楼，去世了。老师和大家一样难过，小旋最难过，因为'奶糖'陪伴了他2年多。这是我们第一次面对离别，所以今天老师准备和大家分享一个绘本故事，让我们一起来看看。"

我一页一页地翻着绘本，用轻柔的声音向学生们讲述着这个故事。学生们的情绪逐渐平静下来，小旋的哭泣声也渐渐轻了下来。

我问学生："小鸭子觉得死神可怕吗？"他们摇摇头。

"故事的最后，死神留给了小鸭子一束郁金香。郁金香的花语是'爱，无尽的爱'，这说明了什么呢？"

"死神希望小鸭子拥有爱。"

我点了点头，肯定地说："其实，死亡是指每个人的生命最终都会走到尽头。你看，死神一直都在小鸭子身边，小鸭子不知道自己什么时候会死，谁也不知道死亡会在什么时候到来，不知道死后会发生什么，我们只能接纳、思考和勇敢面对死亡这件事。同时，我们也要学会感恩，学会享受生活，珍惜生命，认真对待活着的每一天。"

说着说着，我将视线转向小旋。此时的他，表情已经放松了很多。

"是啊，虽然'奶糖'离开了小旋，但是小旋记着和'奶糖'在一起的点滴，这些记忆会一直陪伴着他。死亡不是终点，并不会把我们和心爱的人、事、物分开，遗忘才是。只要我们心里记住'奶糖'，'奶糖'就会永远在我们身边。我相信'奶糖'一定希望小旋不要太悲伤，要快乐地生活下去。"

说到这里，小旋已经停止了哭泣，身体也坐正了一些。

"同学们，善良的小旋忍着悲伤把'奶糖'埋葬了。你们觉得小旋做得怎么样？"

"小旋是一个有爱的孩子。"

"小旋很棒，让'奶糖'去了另一个美好的世界。"

"是的，小旋没有抛弃'奶糖'，向'奶糖'好好告别。他珍惜'奶糖'的生命，是一个有爱心的孩子，值得我们去学习。"

同学们纷纷转过身来对小旋竖起了大拇指："小旋，你真棒！"终于，小旋的脸上露出了一丝笑容。

趁着这个契机，我和学生们进行了一场生命的对话，进行了一次安全教育。我继续问："从'奶糖'的意外事件中，你们还有什么启发？"

"我不会跑到窗外去，太高了很危险。"

"那当我们在高楼层靠近窗户时，要注意什么？"

"头不能伸出去。"

"身体也不能探出去。"

"要远离窗外！"

"是啊，危险有很多，我们的生命非常重要，一定要保护好自己的生命。只有活着，才能看到美丽的花草，尝到美味的食物，学到知识，看到世界，才能长大成人。"

"奶糖"的意外是一场不幸。幸运的是，今天我知道了这个故事，及时对学生进行了心理疏导。

那么，接下来我们该如何将这种疏导方式分享给家长，让家长在遇到此类事件时，也能及时和孩子进行有效沟通呢？

心理辅导课结束后，我在这周的备忘录中写下了这样一段话：

昨天班里一个学生家里的小猫意外坠楼，借此我和学生们一起读了生命教育绘本，从小猫发生意外这件事和大家聊了聊"生命与死亡"的话题。

身边如果有亲爱的"伙伴"意外地离开了我们，悲伤是正常的，不要压抑情绪，但也不要过度悲伤，我们人类会用埋葬等方式安葬逝世的亲人；同样，对待小动物我们也要安葬它们，而不是任意丢弃，任何人、任何动物的生命都值得我们尊重，因为生命很重要。全班同学也对这个及时、认真处理的同学进行了表扬、赞赏和安慰。

同时，小猫从窗户意外坠楼这件事也警醒学生们要保护好自己。在高楼层时，要尽量远离窗户，要注意头和身体不能伸出窗户；面对火、水、电，要注意防范危险，它们能帮助我们，同时也会给我们带来危险；在楼梯处，要慢慢走路，不能拥挤奔跑等。

与您分享"生命安全"相关绘本，如有类似事情发生，您可以和孩子一起读一读《爷爷变成了幽灵》《别让狐狸偷孩子》《小蚂蚁怕烫》《一片叶子落下来》《要幸福地活着》。希望在意外来临时，我们能正确地和孩子进行沟通。

意外不可避免，面对突发事件，我们要学会冷静倾听；死亡很沉重，面对沉重的话题，我们应该坦然地讲出来；生命很重要，有关生命的思考，我们要郑重地表达出来。

"袁老师，我希望'奶糖'能入土为安。"下课时，小旋对我说了这句话。尽管他的眼角还挂着泪珠，但通过他脸上的笑容，我知道小旋对生命有了新的思考。

（袁媛）

第二章

一本草稿簿：筑起孩子思维之基

一本草稿簿，不只是一本草稿簿。

课堂好习惯、作业好习惯，是学习优秀的"根"。

"笔算要列竖式，勤用草稿本。""检查计算题时，在草稿上再做一遍。""每次考试下发专用草稿纸，给考试草稿纸打态度分。""提笔即练字。""第一时间订正作业，用不同颜色的笔就近纠错。"……这些微不足道的作业细节，恰恰是老师们多年来教学实践经验的高度提炼。

"一本草稿簿"，养成写作业的好习惯

多年来，我始终怀疑经验对于教书育人的可靠性，怀疑它在一拨又一拨的学生身上简单套用的可能性。

铁打的老师、流水的学生，从一年级到六年级，再回到一年级……这看似简单的周而复始的循环背后，究竟有什么东西是一成不变，甚至可以一以贯之的呢？

"十年树木，百年树人"，我很喜欢这个比喻。一棵树长得好不好主要看它是否枝繁叶茂，而枝叶繁茂与否取决于树干的粗壮与否，树干的粗壮与否则取决于树根的营养程度——这是我们生活中的小常识。

孩子的成长与树的成长又是何其相似。营养从哪里来？从"根"上来。要提高孩子的学习素养，筑起孩子的思维之基，最根本的办法就是从"根"上做文章、下功夫。

那么，学习之"根"是什么呢？简单来说，学习无非就是两件事，第一件事是听好课，第二件事是做好作业。这两件事，但凡有一件没做好，学习就会出问题。因此，课堂习惯和作业习惯就是学习的"根"。

在 2017 学年作业展评周中，教务处开展了"老师教我的作业好习惯"征集活动，委托教研组长、学科组长对征集单进行汇总整理。之后，教务处据此提出了语文、数学、英语、科学、美术等学科的书面作业习惯培养建议。

在这份书面作业习惯培养建议中，我们比较系统地梳理了信达小孺们平时写作业过程中必备的一些作业习惯："笔算要列竖式，勤用草稿本。""检查计算题时，在草稿纸上再做一遍。""每次考试下发专用草稿纸，给考试草稿纸打态度分。""提笔即练字。""第一时间订正作业，用不同颜色的笔就近纠错。"这些看似微不足道的作业细节，恰恰是老师们多年来教学实践经验的高度提炼。

从 2003 年到 2023 年，从陈虹老师、朱建华老师到陈思老师、徐天鹰老师，从李继凤老师、沈雅苹老师到赵慧婷老师、杨烨嘉老师，从中生代老师到新生代老师，作业习惯培养的大旗始终扛在每一位信达大儒的肩头。

在一块不起眼的小黑板上，年轻的徐天鹰老师为学生们建起了一座热闹的数学"思维站"；在倪玉叶老师的数学课堂里，"儒美语言"这一工具发挥着"四两拨千斤"的撬动作用。

朱建华老师化身思维小达人"奔奔"，陪伴学生们的数学学习和成长；沈建娣老师聚焦"体验、实践和感悟"，有效开展科学长周期作业。

王玮老师主动蹲下身，"傻傻"地跟学生们讨论数学里的"小昵称"；沈娟老师在倾听中了解学生，做足"学堂乐歌"这篇信达文章。

汤梅老师以"图"达意，巧妙点拨；周卓燕老师为"迁移"而教，把数学解题思路融在朗朗上口的《三字经》里。

"画好基准线""用好平行线""捋清故事线"，郑宁老师和她的学生们共同搭建了一套向上成长的"GPS"；"向左对齐 5 厘米"，陈虹老师更是将培养数学作业习惯做到了极致。

为了搭建一座衔接新旧知识的桥梁，郑慧老师和她的小伙伴们独创了"划、画、列"这一图文问题解题三部曲；因为小时候纳凉习字的经历温暖了自己的成长之路，赵一频老师将其传承为学生们喜爱的亲子书写活动。

　　"种一棵树最好的时间是 10 年前，其次是现在。"你的努力，时间会给出答案；老师的努力，10 年后的学生会给出答案。

　　世间最容易的事是坚持，最难的事也是坚持。说它容易，是因为只要人们愿意去做，人人都能做到；说它难，是因为真正能做到的，终究只是少数人。

　　在培养作业习惯这件小事上，信达的老师们一直努力做坚持路上的"少数人"。信达的每一位大孺，没有豪言壮语，只有默默坚守；没有急功近利，只有久久为功。他们用一本草稿簿，通过一个小小的作业细节和作业习惯的坚持，为一届又一届的信达小孺筑起思维之基。

（唐壮卫）

"向左对齐"诞生记

看到数学时，每一个人的感受都是不一样的，有的人觉得它可亲可爱，有的人觉得它严肃高冷。但无论我们怎么形容数学，它一定和"简约""纯粹""对称"等相关。

一天，我在讲台上批改作业，发现学生们回答数学题目的格式可谓五花八门：或左一道右一道，离散布局；或左高右低，呈抛物线。

对于作业的书写格式，我已努力地通过制定标准加以规范，如：规定位置，要求算式在题目的下方；规定水准线，要求水平书写。学生们也很努力地按照标准去书写，一遍又一遍，一题又一题。

尽管外部对学生已经有了严格的要求，学生的自我要求也很高，但做题时的书写习惯并非一朝一夕就能改变的。

小学数学，开头第一个字就是"小"。既然是"小"，那就从小处着手吧。

我努力从记忆中搜索心理学家和教育专家的相关"论断"，但有关作业格式这样的"小儿科"内容几乎没人在意。于是我去翻了翻教材。

人教版：算式居中，不作答。

西师版：居中对齐，不作答。

苏教版：居中摆放，答语空两格。

显然各种版本的教材都指向了"居中"。如今这难以改变的数学作业书写习惯，到底是因为学生的书写习惯"不行"，还是老师的要求过于"严苛"？为此我冥思苦想，百思不得其解。

小时候，妈妈给我做插秧示范，她先是靠着田埂插，再一行行地插，最后一列列地插，并且保持秧苗之间的间隔均匀。我想，没有一个有经验的农民会从水田的中央向四周扩散开来插秧——毕竟，插秧不是涂鸦。

"居中对齐"就像在一块空地的核心地段上造房子，这要求建筑师有很高的布局能力。不借助直尺等工具，不在草稿纸上做任何标记，这种"徒手画圆"式的"神功"可能只存在于我们的想象中。

于是，我放弃了"居中对齐"和"空两格对齐"的作业书写要求，结合高年级数学多步计算的特点，最终确定使用"向左对齐"的作业书写规范：要求题目、算式、答语一律左对齐。这样，学生们的作业书写应该可以达到"整齐"这个看似简单的规范要求了。

虽然"向左对齐"解决了有序书写问题，但新问题并未缺席：算式有的往上"爬"，有的往下"掉"。尽管如此，我相信办法总比困难多。这次，我把解决问题的机会给了学生：怎样才能让算式"不走弯路"？学生们一致想到了"画线"。

"可是线该画多长呢？"学生们开始七嘴八舌地议论起来。

"4厘米。"

"5~6厘米。"

"10厘米！"

口说无凭，我将A4作业纸发给学生，让他们在4道题目下自由尝试用各种长度的线段。一番实践下来，学生们发现10厘米的线太长，3厘米的线太短，而5厘米的线是最合适的长度。

以前，我们习惯给学生提各种要求，不管这些要求是否合理。但这一次，学生对自己提出要求，并通过反复实践来验证这一要求的合理性。我想，这也许就是教育有时需要老师"后退一步"的原因吧！

习惯是我们老生常谈的话题，谈及的次数越多，越说明这是教学的痛点。习惯是学习的路径，当方法能提高学习效率的时候，这个方法就是一条引导学生成长的路。

我是一个每天与"加减乘除"打交道的老教师，虽然每天从事的教学内容不是函数、解析几何等高等数学，但我渴望成为学生们摘取数学星星的肩膀——扎实而温暖的肩膀，让更多的学生看到那璀璨、充满美感的数学星空。

（沈兴华、陈虹）

思维小达人"奔奔"

（一）自"我"介绍

嘿，大家好！"我"是思维小达人"奔奔"。"奔奔"这个名字是数学老师给"我"起的，"我"以前有一个很土的名字，叫"数学草稿本"。对此，信达的数学老师可不同意。

草稿本在大家的潜意识里就是随意的，而好的学习习惯是在每一天、每一刻，每一个竖式、每一个字符、每一个数字的书写中养成的。如果"我"叫草稿本，小朋友们可能就会在"我"的身上乱涂乱画。

随着年级的升高，数学题越来越复杂，有了更多的解题步骤，需要留下清晰整齐的思考过程。这个时候，信达数学老师就将"我"更名为思维小达人"奔奔"。于是，"我"就这样闪亮登场了。

（二）何时用"我"

许多小朋友认为，"打草稿"就是当碰到一些复杂的计算题时，把这道题的演算过程认真清楚地写在草稿本上，得出其结果。这无疑属于"我"的功能的一部分，但并非"我"的全部功能。

"我"将跟随小朋友们学习数学的整个过程。每次开学第一节课，"我"就来到小朋友们的身边。在"我"的身上贴有使用说明书。

我是思维小达人"奔奔"

1. 每天带上我，不在我身上乱涂；

2. 每次学习，一定打开我，时时放在右边使用；

3. 在我身上列竖式，打草稿，写思考过程；

4. 按从左往右、从上到下有序书写。

思维小达人"奔奔"使用说明书

在数学课堂上，麻烦小朋友们翻开"我"，放在桌角，这样就可以随时把独立思考的想法写下来，方便和同桌甚至全班同学进行交流。写数学作业时，请小朋友们先翻开"我"，时时放在自己的右手边备用。

"我"的功能不仅仅是用来列竖式计算，还可以用来画一画线段图、点子图，记录思考过程，记录课堂上小朋友们的发现和想法。

比如，有些数学问题只需要在"我"身上画个草图，就能迎刃而解。又比如，一些多步计算的应用题，我们凭空想象很难解决。这时小朋友们可以好好利用"我"画画图，这一定会对解题有很大的帮助哦！

（三）使用说明

1. 随时使用

上数学课前，麻烦小朋友们提前把"我"准备好。上节课一下课就由小组长提醒大家，是否已经准备好，是否还是专用的那本，由小组长负责记录并打分。因为有些小朋友经常找不到"我"，有些小朋友没有养成一本跟随到底的习惯，还有些小朋友为了应付组长的检查，看到空白本子就随便用。

在数学课堂上，请小朋友们把"我"放在右手边，随时使用，贯穿整个数学课的学习。写作业时，也请小朋友们时时打开"我"。信达校本作业纸的第一行就写着："奔奔"打开了吗？总之，思维小达人"奔奔"会贯彻小朋友们学习数学的始终。

2. 规范使用

可能在很多小朋友的意识里，"我"就是用来打草稿的，可以在"我"身上随意乱涂、乱画、乱写，所以在一开始使用时，小朋友在上面写的字都很潦草，导致整个书写页面杂乱无序。这让"奔奔"很不开心！

这时老师会要求，让小朋友们根据之前的使用说明书，在草稿本上认认真真地写好每一个字，画好每一条线，规范书写，防止"因草出错"，遵循从上到下、从左到右的书写要求，依次排列，字迹清晰有序。

当小朋友们遇到难度较大、解题步骤较多的数学问题时，需要借助画图来分析和思考，此时便可以充分发挥"我"的思维展开功能和分析功能。

如果遇到一些特殊题目，需要手动操作配合时，则可以用"我"来画一画、折一折、撕一撕，通过这些方法来解决问题，从而提高分析问题、解决问题的能力。

期中和期末数学测试时，"奔奔"则变成了考试专用草稿纸。小朋友们需在草稿纸的右下角写上自己的姓名，待考试结束后上交。

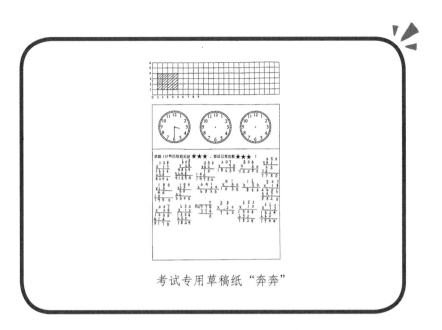

考试专用草稿纸"奔奔"

3. 使用评比

在数学课堂上，老师总是表扬并展示草稿本用得好的小朋友，时时检查，及时指出一些不规范的写法。有时老师还会把全班所有的"奔奔"集在一起，用大屏幕展示给小朋友们看，让小朋友们评一评哪些值得特别学习。

批改数学作业时，老师还会不定期检查作业当天草稿本的使用情况。在写得特别好的地方，老师会打上很多小星星；在一些不规范的地方，老师会进行一一指导，尽量做到及时有效地找出问题，对学生展开规范指导。

每月班里都会展开一次"优秀奔奔"的评选活动，收集班上所有同学的"奔奔"，展开同学互评，采取自我打分、老师评选等多种方式，以达到鼓励与示范的目的。

慢慢地，"我"成了小朋友们学习数学时最得力的助手，成了小朋友们学习的"好伙伴"。

（四）"我"的法力

1. 锻炼思维能力

用好"我"，小朋友们的解题步骤就不会杂乱无章。答题的时候，思维有条理，解题过程清晰可见，不会造成思绪混乱。"我"能记载分析问题、探索问题、解决问题的思维轨迹和探索、猜想、推理的过程，帮小朋友们查漏补缺，提炼出答案。"天天使用'我'，思维更灵活。"

2. 促进习惯养成

用好"我"，能够培养小朋友们认真负责的态度，形成良好的书写、演算习惯。这样一来，不论是考试还是日常作业，都可以呈现一张干净整洁的卷面，对成绩的提升也有很大帮助。"天天使用'我'，习惯好养成。"

3. 提高学习效率

用好"我"，在复习的时候，可以帮助小朋友们更好地梳理数学知识点。在考试时，可以大大地缩短做题时间，即使有错误出现，也能够及时发现并改正。"天天使用'我'，学习更高效。"

一本小小的数学草稿本，记录着小朋友们的学习、思维痕迹。它可以让数学思维充分展开，不断提高小朋友们思考、解决问题的能力。

有的小朋友经常喜欢将"我"拿出来翻一翻，分析当时思考此题的思维过程，并与老师的讲解做比较，发现自己的优点与不足。有的小朋友还将"我"分门别类地保存起来，装入成长记录袋，让思维小达人"奔奔"伴随着他们一起学习成长。

这就是"我"，信达数学草稿本——思维小达人"奔奔"。毕业后，"我"将被装进每个信达学子的6年成长记录袋里，陪伴每一个信达学子不断前行。

（朱建华）

思维站

教室一隅的那块小黑板上，每天都会有一道数学挑战题——这是专属于我和学生们的"思维站"。

我站在讲台上，望向台下，只见学生们一个个歪着小脑袋，在草稿本上奋笔疾书。草稿纸在他们指尖上一页页跳跃着。今日的"思维站"就此拉开了序幕。

眼见 S 同学仔细审读完题目，快速落笔写下答案，成为拿到星星登上榜单的第一个人；C 同学紧随身后，画出线段图辅助，厘清关系后，他的眼神更加明亮了，答案也呼之欲出；L 同学则被困于关系梳理中，正在草稿纸上涂涂画画，努力寻找答题突破点……时间一分一秒地流逝，场上一片火热。

答题时间到，铃声响起，教室里响起了整齐的口诀声，瞬间带动了上课的氛围。课前三分钟的挑战题讲解，是学生补充能量、一决胜负的时刻。

今天的小老师是 C 同学，他讲解了如何根据题意画出线段图厘清思路的方法。随着一个新思路的提出，同学们豁然开朗，拍手叫绝。于是，全班同学一起提炼总结方法，将秘诀熟记于心。

课后 Z 同学来找我，小心翼翼地问道："老师，我能否给大家出道题？"随即她拿出了自己在草稿本上记录的题目。这是一道趣味题，移动火柴棒使得算式成立。只见草稿纸上，火柴数字上的每一笔都用尺子认真辅助画成，同时详细记录了两种可以移动的方案。

这么认真且有新意的挑战题，当然得支持了，明天的挑战题就是它啦！

我向学生们宣传了 Z 同学因出题而获得能量石的事迹。学生们听闻后，也纷纷加入出题大军中。虽然学生们的来稿丰富了挑战题的类型，但在预审中我也发现了很多问题，例如题目意思表达不清，题目太难或太简单，文字太多小黑板无法记录，等等。

这天我收到 L 同学的来稿，题目非常简单，挑战值为两颗星，是绝大部分同学能掌握的题目："26 加 33 的和减去 14，差是多少？"我让 L 同学做标准答案，只听他嘴里小声地嘀咕道："不对呀，这题有点简单。"

在了解了他的出题意图后，我们一起做了文字调整，挑战值也随之增加："26 加上 33 减 14 的差，和是多少？"在讲解时，我特意拿出这两道题目做了对比分析，通过仔细分析这两道题目，学生们对题目的挑战值有了更深的了解。由此，全班同学总结出出题公约一——出题要有挑战性。

周五 A 同学来稿：将"$15 + 5 = 20，35 \div 7 = 5$"合并成综合算式。题目较为常规，A 同学的出题理由是这类型的题目她错了很多遍，想让同学们也一并试试。嗯，可行，安排！课前，我讲解道："小 A 说，这种类型的题她错了较多次，让我们一起来找找漏网之鱼。"答题后，错题统计结果显示，全班还有 8 个同学出错。

最后，全班同学一起总结反思，那些平时常出错的题，自己是否已经掌握了。由此，我们的出题方向增加了，易错题上线，全班同学总结出出题公约二——出题要有易错点。

之后，Z 同学再次登场。她在课后爱看数学小故事和数学推理类图书，这次出马不同凡响："小蜗牛掉进长 16 米的枯井中，白天爬 4 米，晚上下滑 1 米，需几天才能爬出枯井？"

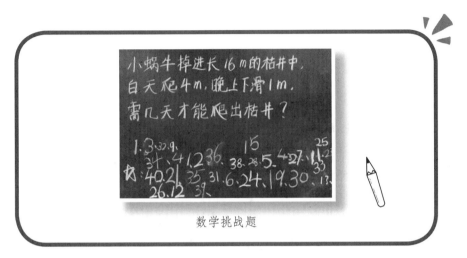

数学挑战题

一看到题目，就有同学兴奋地叫出来："蜗牛爬井问题！""这题我喜欢！"同学们画图、列算式，各显神通，不亦乐乎。通过这道趣味数学题，出题思路又拓宽了，由此全班同学总结出出题公约三——出题要有趣味性。

就这样，越来越多的学生争相为"思维站"出谋划策，调动了学习数学的积极性。有的学生开始接触数学类阅读，像数学杂志，看到有趣的知识会和我分享；有的学生会整理练习中的错题，慢慢养成了写错题本的习惯；有的学生则主动探索难题，就这样爱上了数学思维。

姜锡春特教曾谈到数学三境界：一是只传授数学知识；二是既传授知识，又教授方法；三是在教授知识的同时，传递一种哲学思想和思维能力。教数学的目的其实就是教会学生思考和生活。路虽远，持之以恒则必达。坚定信念，提升数学思维能力，相信学生会迸发出更强的后劲！

（徐天鹰）

"图文问题"解惑记

如何把培养学生的数学解题习惯和发展学生的数学思维相结合，在培养学生解题习惯的同时，令其摒弃机械的模仿，在解题过程中学会独立思考？若在教学过程中带着"惑"去实践，说不定会有更深刻的"获"。

一年级数学上册的"图文问题"，是学生们迈不过去的一道坎。这不，数学办公室，老师们边批改作业边吐槽。

"今天反复强调看清问题是什么，可还是有一部分学生不找或找不到问题。这道题有八九个人错了，应该用加法却用成了减法。"陈老师说道。

已有 5 年低龄段数学教学经验的李老师也加入了讨论队伍。她说，在新课巩固环节，她还特意设计了"看图列式"和"图文问题"的对比

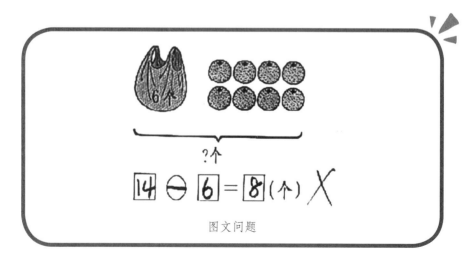

图文问题

练习，但学生们说起来头头是道，一做题就惨不忍睹。

在"图文问题"中，学生们为什么不愿意主动寻找问题呢？

经过讨论，大家认为主要原因是前期学习的"看图列式"形成了负迁移。在"看图列式"中，学生们积累了丰富的看图经验，看到"飞来""跑来""拿来"等就用加法，看到"飞走""搬走""拿走"等就用减法。而"图文问题"和"看图列式"有高度的相似性，前期积累的看图经验形成了负迁移，思维定式严重的学生沿用了之前的旧经验，错误率就高了。

"我们还是要让学生们多说说'两个信息'和'一个问题'，这是'图文问题'中需要生成的新经验。"讨论后，数学组内针对该问题统一了教学思路。

讲评作业时间，我们铆足了劲儿，重点说一说"两个信息"和"一个问题"。示范说、自由说、同桌互说、大家齐说，一轮又一轮。批改完作业后，我又安排了跟进练习，此时做对的学生人数略有增加，但加减混淆问题还是没有得到明显解决。

在面批小A同学的订正时，学生说看到图中的小鸟"飞走了"就想到减法，忘了去找"两个信息"和"一个问题"。旁边几个学生做错的原因也和小A差不多。

如何让学生主动去寻找"两个信息"和"一个问题"呢？办公室里，我们又开始了新一轮的日常教研讨论。

李老师提出要从解题习惯入手，学会给信息和问题做标记。看到"两个信息"就画直线做标记，看到问号就圈起来，如果问题以文字信息呈现，就在这句话下面画一条线。通过"画线"这一显性化的操作，学生们被有意识地引导到寻找"两个信息"和"一个问题"上，搭建起解决问题的基本框架。我提出还可以借助之前学习加减法时积累的画图经验，把"两个信息"用图进行表征，为列式做好铺垫。最终，我们形成了"图文问题"的3个解题步骤：一划、二画、三列。

篮子里一共有几棵白菜？

"图文问题"解题三步走

通过后续的作业反馈，我们发现各班学生作业正确率大幅提升。学生们也觉得这个方法能帮助自己进行有序的思考。在"划"的过程中，想一想信息和问题是什么；在"画"的过程中，判断信息之间的关系；在"列"的过程中，寻找和图对应的算式。划、画、列，环环相扣，层层递进。

通过这一动态建构过程，我们旨在帮助学生搭建起旧经验和新经验之间的桥梁。这既能帮助学生找到知识的增长点，又能衔接起新旧知识，从而搭建起思维的脚手架，有助于学生在学习过程中更好地解决此类问题。

通过对"图文问题"的研究，我们深刻感悟到解题习惯的培养不是机械地模仿与记忆。在解题习惯的培养上，我们应尊重学生原有的知识经验和认知特点，遵循教材知识点之间的逻辑关系，在习惯中见路径，在习惯中见思维。

（郑慧）

数学里的"小昵称"

英国小说家王尔德曾说过，起初是我们造成习惯，后来是习惯造就我们。对于刚入小学的学生们，起先是我们帮助学生们养成良好的学习习惯，后来是学生们自己将好习惯坚持下去造就了自己。

一年级时，我们开始学习"百以内数的认识"。

"一个两位数，个位上的数字是最大的一位数，十位上的数字比个位上的数字小5，请问这个数是几？"

这一类题目成了学生们的一个易错题，他们都错在了同一个地方：数字都找对了，但把个位上的数字和十位上的数字写反了。

到底有什么办法可以让学生们更好地理解并掌握这一类题呢？我尝试着让学生们在探究中得出解决方法。

课堂上，我装作自己不懂此类题目，主动向学生们抛出了自己的"困难"，寻求他们的帮助。

学生们接收到我的信号，开始交头接耳。爱思考的学生总能想出解决的办法。

"老师，我们可以像小侦探一样，一条'线索'一条'线索'地去阅读，圈出关键信息，根据关键信息一一解决，并一一填入。"

"老师，我听了您的小建议，多画了一个计数器，填数字时就能与数位一一对应了。"

一阵激烈的讨论后，学生们得出了第一个结论：画计数器能降低错误率。但学生们也发现这个方法存在缺点：画计数器太麻烦。

于是，我又引导学生们去总结并优化自己的方法："同学们，画计数器是一个很不错的方法。你们能否帮老师再思考一下：有没有更简便的画计数器的方法，有没有一个小小的昵称可以起到提醒的作用？"

在我的引导下，学生们纷纷开动自己的小脑筋。一方面，我们把计数器简化成了田字格；另一方面，我们给田字格取了个小昵称——"田宝宝"。

"田宝宝"是学生们的第一次创造，亦是我的第一次创造。在接下来的数学课堂中，我们有了一次又一次新的创造，我和学生们也越来越默契，我们的课堂也越来越有活力。

在后期的练习中，我明显观察到画田字格的学生越来越多，这一类题目的正确率也越来越高，学生之间的互帮互助也越来越多。

把课堂交给学生，激发学生的潜能是我一直在坚持与研究的事。记得俞正强老师曾说过这样一段话：教学是一门富有创造性的实践艺术。但这种艺术的魅力只有在喜欢创造、能够创造的人那里，才得以充分展示。对于数学世界里的小难点，若教学能带有创造性，琢磨出一些小花样，变得好玩、有趣，那么喜欢数学的学生会越来越多，小难点也能慢慢被解决。

三年级时，求正方形、长方形周长的题目，让学生们云里雾里，亦让老师们愁眉苦脸。于是，我们自然而然又开启了解决难题之旅。

在课堂上，我和之前一样，再次装作什么也不懂，耐心等待着学生们的成果分享。学生们分组展开激烈的讨论，探究各种不规则图形的周长求解。

这些不规则图形被学生分成了两大家族："凸"类图形家族和"凹"类图形家族。"老师，我们败于'凹'类图形家族。"学生们风趣的一句话点燃了这节课的活力。

"'凹'类图形家族是怎么打败你们的呢？"我发出了自己的疑问。

全班学生都安静了下来，在错题中寻找自己犯错误的原因。紧接着，他们一个个将小手高高举起，争先恐后地回答我刚刚提出的问题。最后，大家得出了共同的结论——忘了算上那两根竖着的线段的长度。

"大家想一想，有什么好的办法可以提醒你不要忘记这两根竖着的线段吗？"我再次发出疑问。

于是班级里又安静了下来，随后叽叽喳喳的讨论声此起彼伏，小组成员们把自己想到的好方法一一表述出来，并从中选出满意的方法。

有人认为可以"标数据提醒自己"，也有人认为可以"把线段上移提醒自己"。最后，上移线段的方法被大家认可。

"可不可以也取个小昵称来帮助我们活用这个方法呢？"于是取名的环节又开始了。大家一起集思广益，新的昵称又诞生了——"天线宝宝"。"哇，天线宝宝这个昵称形象又可爱。"

你还别说，有了这个小昵称，学生计算"凹"类图形周长的时候，漏算两根线段的情况有所减少，正确率提高了不少。

"田宝宝、天线宝宝、线宝宝……"一个个可爱的昵称，随着数学学习进程的推进，在学生们的自我探究中不断产生。它帮助学生更快地掌握方法，更高效地提升数学能力，让数学学习变得理性又有趣。

做一个敢于放手的老师，打造一个有趣的课堂，陪伴一群灵动的学生，感悟一些美好的成果，这就是老师的坚持与幸福。

（王玮）

巧借"画图"，点亮思维

在数学教学中，很多刚入学的学生会遇到读不懂一道题的意思这样的困难，不知道从何处入手去思考问题，需要老师点拨、引导才能解决问题。因此，在教学中，我注重画图意识的渗透和画图能力的培养，注重巧借"画图"来点亮学生的思维。

在小学一年级数学中，有一道题："每人坐一把椅子，全部坐下后，还有几把椅子空着?"

图片中给出的信息如下：椅子 9 把，学生 7 人。绝大多数学生能写出算式 $9 - 7 = 2$（把），但只要深入一问，就会发现他们其实并不理解这个算式的意义。椅子的数量可以减去人的数量吗?

小学一年级数学题配图

一年级的减法主要分 2 类：一类是从总数中去掉一部分；另一类则是把总数分成 2 个部分，求其中的一部分。而在这道题中，显然这 2 类都不符合。

小学生普遍比较缺乏抽象思维，但形象思维还是比较丰富的，要先让他们在头脑中想象出题目的情境，理解题目的意思。于是，我引导学生再读一遍题目，再去观察这幅图，并展开想象。

有学生说："我在头脑中想象了一下，让每一个人都坐上椅子，一人坐一把的话，还剩下 2 把椅子。"看得出来，学生对于题目的情境有了一定的了解，但对于算式中"9"和"7"所表示的含义，还是表达得不够清楚。

画图思想作为数形结合思想的重要内容，对于优化数学教学、激发学生兴趣、促进学生思维发展具有重要意义。一年级的学生画图意识不强，想不起来可以用画图的方法思考，我就以这一题为契机，突出画图的优点，唤醒他们的画图意识。

我向他们提出了一个问题："你能把你的想法表示出来吗？"很多学生想到了用画图的方法。好，那就放手试一试吧。有时候，给予学生更多的尝试机会，他们会给你带来更多的可能。

在巡视的过程中，我发现很多学生能通过画图把自己的想法表达出来，不过表达的方式各不相同。他们主要采用了如下 3 种方式：①直接在图片上连线，这样可以直观看出有 2 把椅子空着，但这种方式有局限性，如果以后题目中没有图形了，就没办法了；②以一个人和一把椅子为一组画出来，这种画实物的方法虽然形象，但太费时；③用 2 种几何图形来表示，这种方式虽然简单，但如果没有上下对齐，将不利于后续分析。

数学学习中的画图不同于美术学习中的画图，需要我们对学生进行画图指导。我把这 3 种方法进行展示，和学生们一起讨论每种方法的优缺点。最终，大家约定用三角形代表椅子，用圆形代表人，画图的时候还要注意图形"一一对应"。借助电子白板，我们画出来如下这幅图。

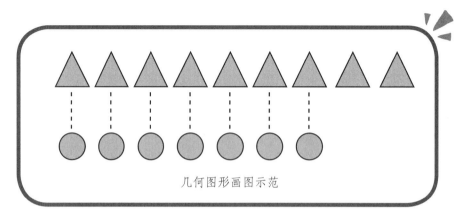

几何图形画图示范

我又向他们提出一个问题："根据这幅图，大家再来说说这道题中'9 − 7'的意思。"

这时学生的表述就更清晰了：一共有 9 把椅子，有 7 把椅子已经坐上了人，这里的 7 不是指 7 个人，而是指 7 把坐上了人的椅子。此时，9 把椅子分成 2 个部分，一部分是坐上了人的 7 把椅子，另一部分是没有坐人的 2 把椅子。

最后我问学生：学习这道题你们最大的收获是什么？学生们各抒己见：不懂的题目可以画图，难的问题就变简单了；画的图要简单，只要表达出题目的意思就可以；要注意一一对应……看来，自己动手，自己画图，学生的思维自然就灵动起来了。

在数学教学中，我们渗透与运用画图思想时，要根据数学学科的严密性、系统性等特点，培养学生良好的画图习惯，从而提升学生的画图品质，使图画清晰、直观地反映数量关系，表达学生的数学思维过程，更好地发挥"画图"在点亮学生思维中的作用。

（汤梅）

简便计算中的《三字经》

在数学教学中，计算是基础，是人人必须掌握的一项基本技能。从小学四年级开始，简便计算便贯穿了整数、小数、分数三大板块。

"计算不过关，数学关难过。"在简便计算教学中，我们要教会学生如何正确辨析题目类型，灵活运用解题方法，正确解答并验证结果。为此，在教学中，我和学生们一起提炼出简明易懂的《三字经》口诀。

（一）初埋种子篇

在中国传统文化中，"读经"教育备受大家喜爱——人之初，性本善……这样的《三字经》朗朗上口，深入人心。

数学中有这么多复杂多变的简便计算方法，如何熟练掌握，如何区分类型，如何灵活运用，都是教学难点。我们能不能将这些类型和方法概括出像《三字经》一样的记忆口诀呢？

举例验证是数学的开始。在一次课堂上，我以"165 ＋ 428 ＋ 172 ＋ 235"为例，引导学生经由"举例—猜想—验证—归纳"体会不完全归纳法。一石激起千层浪！学生们脑洞大开，将其概括成"连续加，能成双""连续加，能凑整""只连加，找朋友""连续加，结对子"等口诀。

我没想到，学生们的每一句三字口诀都还挺朗朗上口。最终，我们通过投票选出了最佳金句："连续加，结对子。"

就这样，面对连加的数学题目，学生们能马上把加法交换律和加法结合律用《三字经》进行概括运用，再也不怕这样的题型了。

后来，即便面对五年级的小数连加、六年级的分数连加，学生们依旧能快速地反应出"连续加，结对子"这个三字口诀。

（二）生根发芽篇

简便计算最难的莫过于乘法。面对这个难题，有时我们甚至放了"数形结合"这样的大招也无济于事。会的学生不教也会，不会的学生教了也不会。

那怎么办呢？难道只能在不断的练习中熬过吗？《三字经》能否继续发挥作用，我们顺学而导。

"125×25×8×4"是乘法交换律和乘法结合律的经典题型，学生看了题目，马上能联想到"连续乘，结对子"这个三字口诀。可是"对子"是两两相加凑整的意思，有些学生在做题过程中会将其和加法相混淆。

为了和加法区分开来，学生们脑洞大开，重新总结，最后锁定在"连续乘，找朋友"。125和8是一组朋友，25和4也是一组朋友。这样不仅能跟加法有所区分，也能在乘法中快速地找到解题策略。

在教授乘法分配律时，学生会仔细观察算式的特点，从外形上进行分类，再接着利用"数形结合"思想，帮助理解"25×（40＋8）""25×（40－8）"的含义，最后，大家一起提炼出"乘和差，分别乘"的三字口诀。

数学注重逆向思维，如果反回来又该怎么办呢？如面对"25×40＋25×8""25×40－25×8"大家一起总结出规律："积加减，莫慌张。公因数，提出来。"结合算式的特点归纳总结解题方法，我们把最困难的乘法分配律攻克了。

在思辨的过程中，我们要学会用眼观察，用脑思考，善于发现，勤于总结。简便计算的《三字经》教学已然在学生的心中生根发芽。

（三）开花结果篇

在简便计算中，除了加法、乘法，我们还需拓展减法和除法的计算方法。有了加法和乘法的经验，减法性质的三字口诀就水到渠成了。如根据"549 − 35 − 65""162 −（29 + 62）"，学生马上就能总结出："连续减，减去和""减去和，可连减"。

除法的性质和减法的性质类似。同理，针对除法，学生概括出"连续除，除以积；除以积，可连除"的运算思路。

"三字经"能帮助学生快速分类，梳理方法，正确解答。最后，对于一些特殊题型的变式，学生已经能灵活自如地将其改编成《三字经》。如"102×36""25×44""86×99""350÷25"，学生都可以用"特殊数，巧拆分"来总结概括。

学到这里，学生已经能灵活自如地行走在简便计算的世界里，不再为此困扰。通过把解题思路和思考方向隐藏在《三字经》中，我们运用"读经"教育真正触摸到了简便计算的本质和灵魂。

这便有了完整版的简便计算《三字经》。

简便计算《三字经》

做简算，是享受。细观察，找特点。

连续加，结对子。连续乘，找朋友。

连续减，减去和。连续除，除以积。

减去和，可连减。除以积，可连除。

乘和差，分别乘。积加减，莫慌张。

公因数，提出来。特殊数，巧拆分。

我们相信，通过在四年级数学简便计算课中埋下《三字经》的种子，并努力使之"发芽"，在五年级数学小数的简便计算和六年级数学分数的简便计算中定能开花结果。

从说给你听的《三字经》概括，到做给你看的《三字经》解题，再到最终让学生带着《三字经》自信地畅游在简便计算的海洋里，我们才能真正实现为"迁移"而教，为学生的"未来"而教，为明天的"不教"而教。

（周卓燕）

孺美语言，撬动数学思维的支点

小学语文课本中有一个童话故事，题目叫《咕咚》。故事讲的是一个木瓜从树上掉入湖中，发出"咕咚"一声响，兔子吓得边跑边喊："不好啦，'咕咚'，可怕极了！"猴子、狐狸、山羊、小鹿、大象不明情由，也稀里糊涂地跟着跑了起来。后来大家才发现，原来"咕咚"只是木瓜掉入湖水中发出的声响。童话故事中的场景，在我们数学课堂上也会上演。

数学课堂上，一道题引发了学生们的激烈讨论。

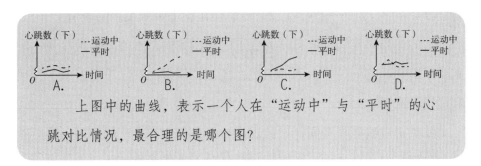

上图中的曲线，表示一个人在"运动中"与"平时"的心跳对比情况，最合理的是哪个图？

练习结果发现，选 A 和 B 的学生居多，个别学生选 C，无人选 D。

学生开始举手发表自己的看法。甲学生说："C 和 D 肯定不对，因为运动中的心跳肯定比平时快，而 C 却反过来了；D 的话，随着时间的推移，运动中的心跳肯定会变高，而不会比平时还低，所以 C 和 D 都错。以上是我的观点，大家有补充或疑问的吗？"

学生们纷纷点头并积极举手，看来有很多学生还想表达自己的看法。

乙学生走上台，一边用手在题目上比画着，一边说："我非常赞同甲同学的观点，但是我有补充。在运动中，心跳肯定会比平时快，但是又不能快很多，也不能一直快，所以我觉得应该选择 A。以上是我的观点，大家有补充或疑问的吗？"

乙学生话音刚落下，跟他答案一样的学生们纷纷鼓掌表示赞同。

在一片掌声中，我看见有些选 B 的学生开始举起手来。我请丙学生回答，他说："我不赞同乙同学的观点。我认为既然这个人是处在运动中，心跳应该是从平时的心跳开始上升，然后继续不断升高。大家还有什么补充或疑问的吗？"

话音一落，掌声慢慢地响起来了。刚才选 A 的部分学生听完后，对自己一开始的想法产生了动摇，觉得这个似乎更有道理。有人默默地把答案改成了 B。也有一些学生没有改，但是脸上带着疑惑的表情。

是的，当同伴们说出自己的观点之后，我们是不假思索地接受，像童话里的小动物们一样人云亦云呢？还是也能自己独立思考，敢于发现和提出问题呢？

我觉得应该要参考同伴们的观点，但是更要有自己的思考，甚至能提出问题。课堂是我们最重要的学习场所，光听老师的讲授来学习，和光靠自己的单独学习一样不可取。我们信达的小孺不仅要认真听老师讲课，也要认真地向同伴学习。

此刻，我选择保持沉默继续等待。

在一片掌声和一些质疑声中，我终于等来了丁学生的举手示意。他说："我非常赞同丙同学的观点，但是我觉得这道题目不够严谨，因为运动中的心跳确实要比平时高，但不会一直高上去啊。所以我觉得题目应该稍微改一下，跑步者应该是先慢跑，再逐渐加速，最后冲刺到终点，这样就肯定选择 B 了。以上是我的观点，大家还有什么补充或疑问的吗？"

学生们听了之后，一个个脸上露出赞同和钦佩的表情，纷纷点头并鼓掌。

学生们都积极思考，发表着自己的看法，由一开始的人云亦云，到一些学生提出自己独特的观点，每一次的发言都激发着下一次的思考和探索。尤其是当绝大部分学生认为已经得到正确答案的时候，仍有人敢于质疑题目的严谨性，是非常难能可贵的。

数学课堂不像语文课那么生动，也不像英语课那么有趣，更不像科学课那么包罗万象，数学课严谨，讲究逻辑，只有不断探索与研究，才能碰撞出更多思维的火花。

"以上是我的观点，大家有补充或疑问的吗？"

"我非常赞同他的观点，但是我有补充……"

"我不赞同这位同学的观点，我认为……"

2023 年，我们的课堂开始推行孺美语言，从一开始的生疏到后来的运用自如。孺美语言，作为工具和支架，促进了学生数学思维的发展，数学课堂也因此变得更美、更有智慧了。

（倪玉叶）

古诗文里的入乐吟唱

《毛诗序》曰："诗者，志之所之也。在心为志，发言为诗。情动于中而形于言，言之不足故嗟叹之，嗟叹之不足故咏歌之……"

每天中午，信达都有"学堂乐歌"。只要听到广播中的"学堂乐歌"开始，学生们就会坐得端端正正，随着音乐缓缓地歌咏。稚嫩的童声萦绕在每间教室的上空，时而如和风细雨，时而如小桥流水。

"学堂乐歌"，是一本特别的小册子，也是信达小孺们的一种特殊的学习方式。这本小册子以大气的灰色作为背景，正中央是几个可爱孩童吟诗的画面，右上角写着"学堂乐歌"4个大字，边上还有"中国传统·华夏文明"8个小字。

学堂乐歌

翻开这本书的目录，我们可以看到16组诗，每组由8篇经典古诗文组成。在信达小学部，每天下午第一节课的课前10分钟，它会以"喜闻乐唱"的乐歌形式与学生相遇。

这10分钟是学生最期待的时光。只要铃声一响，一双双小手就会在"学堂乐歌"上，迅速翻找今日吟唱的古诗。

音乐的旋律奏起，那脆生生的童音已饶有韵味地响起："湖光秋月两相和，潭面无风镜未磨……"学生们的吟唱，唱出了月光下洞庭湖边的平静秀美，唱出了君山如"白银盘里一青螺"的独特意境。

低吟浅唱的他们，一举手一投足，俨然是古代穿越过来的"小诗人"。他们享受着诗中有乐、乐中有诗的快乐，在中华优秀古诗文中尽情徜徉。

晨晨是"学堂乐歌"的黑金粉丝。乐曲刚出前两拍，他就能立马知道乐曲的名字。在"学堂乐歌"结束后，他还会意犹未尽地哼唱，有时还和同学们进行古诗接龙，你唱一句，我唱一句，不亦乐乎！

浩浩是个很会共情的学生。长期受"学堂乐歌"的熏陶，他能随着音乐走进古诗中的故事。听到慷慨激昂的乐歌，他会眉头紧锁，像是和诗人的不得志产生了共鸣；听到活泼欢快的乐歌，他会嘴角上扬，闭上眼睛，似乎漫步于寂静的大自然中。

"童心筑梦，向阳而生"，信达小学部第六届快乐孺子秀如期而至。在班级节目的初选阶段，浩浩妈妈发来了一段浩浩在家表演的视频，视频中浩浩身着汉服，边做动作边诵读古诗。

她告诉我，浩浩上小学后，非常痴迷古诗词。每当孩子在"学堂乐歌"上学会一首诗，不管再忙，她都会暂停下手里的工作，陪着孩子一起入情入境，拍小视频发布到自己的视频号中，以此记录孩子成长的美好时光。

浩浩妈妈的一番话给了我很大的启发：这次孺子秀，就让班里的学生和"学堂乐歌"一起成为主角吧！

在家长们的集思广益下，我们选取了"学堂乐歌"中4首极具感染力的诗，组成班级节目"古诗串烧"。我清楚地记得表演那天，台上的学生个个神采飞扬，沉浸在诗词的世界中：有的婉转悠扬，悦耳动听；有的激昂高亢，铿锵有力；有的娓娓道来，声情并茂。

"等闲识得东风面，万紫千红总是春。""慈母手中线，游子身上

古诗串烧

衣。""床前明月光，疑是地上霜。"……

场下的小孺们也纷纷加入其中，台上台下，一唱一和，一声高过一声，一浪高过一浪，这就是一场精彩纷呈的诗词盛宴啊！

一首首经典诗词，犹如一道道精致的甜品，甜蜜了一个个信达小孺的心田。在声声诵读里，我们可以看到诗品在潜移默化中被塑造，诗情在声声朗诵中怦然勃发，诗心在撷光而行中拔节生长。

在古诗乐歌中，每颗童心都演绎着一份精彩。让我们把倾听留给孩子，用耳朵感知孩子的童言童语；把观察留给孩子，用眼睛聚焦孩子的一举一动；把思考留给孩子，用心灵和孩子一起去发现、去探索；把美好留给孩子，用热忱与孩子一起成长。

（沈娟）

向上生长的GPS

如何给学生们一个向上生长的 GPS，让他们可以专注于自己的学习习惯？如何让他们获得更多的成长力量？这需要教师和学生共同的智慧。

（一）画好基准线

三年级时，英文字母书写教学成了重中之重。虽然学生们已能在四线三格中规范地书写每个字母了。然而，在做选择题时，学生们的卷面总是不够整洁，书写也歪七扭八。这是我最大的困惑。

这天英语课，我对学生们说："有些同学在书写答案时，字母像在跳舞，一上一下的呢。"

学生们听后，个个笑得合不拢嘴，还一边重复着那句"字母在跳舞"。

接着，我指着班里的课桌说道："你们瞧！第三组的桌椅最整齐，为什么呢？"

学生们你一言我一语地分析原因，其间还有学生伸长脖子仔细观察。这时，细心的 Jack 大声地说道："因为他们的桌子都靠近这几块地砖的边线。"

"哦！原来是因为他们有天然优势，有地砖线啊！"

这时，我继续追问道："那我们在书写时，可以怎么借鉴这种'天然优势'呢？谁愿意帮助老师想想办法？"

听到我的提醒，Emily 很快就领会了我的意思。

她借来了尺子，像个小老师一样在黑板上演示起来："字母书写也可以画线呀！像这样在括号下面轻轻地画一条直线，写字母的时候就会更容易啦。"

其他学生都怀着崇拜的眼神看着她下笔。顿时，字母们似乎都找到了自己的家。

简简单单的一条"基准线"，为每一个字母都"规划"好了路线，让学生们笔下的字母变得更整齐。

原来，在每个学生的心中，都有自己的"基准线"，有自我引导和发掘知识的能力，有向上生长的支点和GPS。

（二）用好平行线

在"基准线"的帮助下，学生们的字母写得越来越好。尽管单个字母的书写不在话下，但整体的单词书写却并不那么协调。

趁着早锻炼排队的时候，我带着学生们一同做了个实验。

"来，这5个男生出列，排成一排！"随着我一声令下，学生们立马行动起来。我也将提前准备好的5个字母发给他们，学生们都很好奇，今天Jenny老师想做什么呢？

我指挥道："A同学不动，P同学往左边稍稍倾斜，这名P同学往右边稍稍倾斜，这名L同学往左边倾斜的角度大一点，E同学往左边倾斜的角度小一点。"

队伍中的笑声此起彼伏。

"孩子们，你们为什么笑呀？"

"这个APPLE怎么歪了！""老师，字母L要倒下了！""这个A怎么不倾斜，他们歪七扭八的。"

于是，我顺势引导："是的，这个单词书写啊，就像排队一样，有的左倾，有的右倾，有的倾斜角度大，有的倾斜角度小，都会让队伍看起来不整齐，只有大家的倾斜角度和方向一致，才能整齐划一！"

话音刚落，5个孩子手持字母都稍稍往右边倾斜了一点，就像国旗班的仪仗队般，APPLE这5个字母也整整齐齐地排列在空中。

这时，学生们异口同声地说道："Oh, I see！"

之后，我发现作业本上的单词书写更加美观了，单个字母的倾斜度均保持一致，犹如"平行线"一样。"平行线"这种方法，由学生发明，其效果明显，屡试不爽。

原来，"平行线"可以成为有形的向上生长的GPS，帮助学生在不断探寻和试验中找到前行的方向和力量。

（三）捋清故事线

在书写的根基牢固之后，我们就应当试图寻找遵循学生身心发展规律的学习策略和方法。只有这样，我们才能满怀信心地等待树木"寿且孳"，取得更好的成效。

摆脱了英语基础薄弱的困扰，我的教学继续向更有难度的阅读"进军"，我的学生亦是如此。在师生共同构建的学习过程中，我们产生了源源不断的金点子和意见反馈。

面对相对枯燥的英文阅读理解，学生们一起总结出新办法：故事线定位法。

"同学们，英语阅读是我们接下来的重心，捋清文章脉络是非常重要的，可以帮助我们更好地理解文章的内容，从而更好地回答问题。谁有好办法呢？"我问道。

Amy 说道："我爸爸在出行时，都会用高德地图进行定位导航，我们在答英文阅读理解题时，可以在那些关键信息处，使用一条横向的线，定位出关键句，并标上序号，这样就可以快速地将问题与答案联系在一起了。"

"嗯，这个方法很不错！"我鼓励道。

于是，她在班里举办了一场特别的讲座，把"故事线定位法"分享给同学们。首先，我们可以快速浏览文章的标题、图片，了解文章的主题。其次，我们可以通过"故事线"定位每道题的关键词，然后通过"故事线"精准定位每道题的答案，画线做标记。最后，我们可以根据"精准定位"来回答问题。

学生听得都非常入神，通过"故事线定位法"，我们也能更好地把阅读、理解和答题融于一体。

原来，教育并不只是教师在教授知识，也是同侪间智慧和见解的交流与分享。我们应让学生在他们的成长过程中更好地发挥同伴的力量和智慧，探索、寻找自己的 GPS。

教育，是一面镜子，学生在其中看到了自己，老师们在其中看到了自己，也看到了拔节生长的力量和希望。

（郑宁）

第三章

一程家访：打通家校间的壁垒

　　家访一直是教育教学工作中的重要内容。年复一年，虽然在校的学生换了一批又一批，但信达的老师一直用"真情、真心、真爱"，践行"全城、全诚、全程"的家访，向学生和家长传递着教育的温度。

　　我们深信，即使通信技术再发达，电话网络再普及，家访仍具有独特的不可替代性。因为教育是情感与思想的碰撞，它离不开面对面、心与心的密切联系，而家访可以帮助我们更好地走进学生和家长的内心。

"一程家访"，让彼此看见

曾几何时，家访是常事，老师们总是亲自上门家访，与家长们进行面对面的交流。然而，进入即时通信技术高速发展的时代，在有些地方，传统家访变得越来越陌生，它逐渐被电话、微信等取代。

与此同时，也有人提出疑问：入户家访这种传统教育手段真的有存在的必要吗？是否形式大于内容呢？

在信达，家访这种"古老"的家校沟通方式，凭借着它自身的独特魅力，一直延续至今。

走进家门，我们可以通过声音缓急、音量高低、面部表情、动作行为等更准确地捕捉家长的想法，甚至房间的气味都能帮助我们更好地感受和理解孩子。

自信达办学以来，家访一直是老师教育教学工作中的重要内容。虽然家访的学生换了一批又一批，但家访的故事一直在延续。

在这一篇章，我们一同走进信达老师的家访故事，感受他们用自己的"真情、真心、真爱"诠释的教育温情，感受"全城、全诚、全程"家访背后的教育温度。

全城：在暑气逼人的日子里，信达老师带着有信达印记的礼物，行走在全城的大街小巷，叩开一扇扇家门。

全诚：在疫情肆虐的日子里，信达老师牵挂居家学习的学生们，以全诚之心云端连线千家万户，打开一扇扇心门。

全程：在共同陪伴的日子里，信达老师全程关注每一个学生，"私人订制"家访，拉紧每一个学生的手。

一次家访就是一次解锁学生成长密码的机会；一次家访就是一次深度的家校对话；一次家访就是一次温暖的教育行走，也是爱与责任的不断延伸。

"在一段关系中，最珍贵的礼物是看见对方。"彼此看见，是心与心相互靠近的起点。我们用家访走进学生一家人的生活时，就有可能走进一个家庭的心灵。有了心的交往、联系，真正的教育才会发生。

曾经邋里邋遢的米小圈，在一番有"预谋"的调教后竟成为班级的抽屉管理员，华丽逆袭的背后谁是策划者？

品尝着步步糕，一脸满足的小艺，她所期待的何止是"节节高"，是谁勾起了她对小学生活的无限憧憬？

透过这些看不见的身影，我们看见的是老师的暖心付出、贴心关怀、真心帮助。在一次次家访中，我们只有看见对方的情绪，才能相互慰藉，温暖长存；只有看见对方的难处，方能相互扶持，增进了解。

正因为彼此看见，许多问题和隔阂才会迎刃而解，师生之间、家校之间最舒服的状态才会随之而来。

为了看望生病的小缘，全班同学精心安排，制作了创意无限的7个祝福视频，让小缘至今记忆犹新。

"我们不必苛求孩子完美！"仲老师掷地有声的话语让小Y妈妈为之动容。

炎炎烈日下，车老师背着"信达牌"幸福书包敲响学生的家门，那一刻，他难掩内心的激动。

看见小金爸爸在学习计划表上写下"早点回家"4个字的那一刻，周老师心头涌起了一份感动。

在信达人的心中，家访永远不会过时。我们深深明白，即使通信技术再发达，电话网络再普及，家访仍具有独特的不可替代性，因为教育是情感与思想的碰撞，离不开面对面、心与心的密切联系。

我们深深地期待，老师、学生、家长在交流中发现共同的情感呼唤，在"彼此看见"中共同成长、相互滋养。

20多年来，我们庆幸家访这一优良传统，始终没有远离信达教师的工作日常。家访让我们直面生活，在洋溢着生命气息的世界里探寻教育的本源！

（廖香枚）

用"心"遇见"新"的你

夏天的阳光总是特别炙热，但临近秋天，晚风总会带来些许令人惊喜的凉爽。即将到来的 9 月，注定是不平凡的月份，因为信达小学部又将注入一股新鲜的血液，迎来一批新的信达小孺。

（一）一定要亲手写才更显诚意

每一次遇见，都弥足珍贵。

书法教室里，郑校长正和 2 位书法老师商量入学通知书的相关事宜。

"这是孩子人生的第一份通知书，一定要亲手写才更显诚意。"郑校长说道。

张老师点点头："是啊，对于孩子们而言，这一份入学通知书是人生新里程的开端，是翻开小学生活篇章的第一页，可得好好写。"

于是，他们就这样一笔一画地写完了 400 多份入学通知书，在书法教室度过了一整个上午。

午后的阳光透过玻璃窗洒进了教室，我走进教室，看到里面整整齐齐地摆放着 400 多份古色古香的红卷轴。

我小心翼翼地找出属于我们班的入学通知书，工整的隶书一下子映入我的眼帘，紧接着，便是那一个个陌生的名字。

看着那一个个陌生的名字，我开始有了憧憬。我和这些孩子素未谋面，他们会是怎样的呢？调皮的？懂事的？还是……

老师们在手写入学通知书

收到这份入学通知书时，他们又会有什么样的表现呢？是会激动得跳起来，还是会害羞得不好意思过来接呢？我开始期待和孩子们的第一次遇见。

（二）好好检查一下再送来

每一次确认，都饱含心意。

办公室里，德育处的孟老师正在为一块块步步糕忙碌着。他拿着手机，拨打了一通又一通电话。

"明天送来的这批是刚做好的吧？"

"送来前麻烦你们再好好检查一下。"

新生家访历时一周，每天孟老师都会打电话给商家，跟他们确认第二天糕点的生产日期和数量。他要确保家访期间的每一天，老师们送到孩子们手上的步步糕，日期都是最新鲜的。

中国人的浪漫往往是含蓄的，它可能蕴含在一句简单的话里，也可能暗藏在一件普通的事物里。

这块看似普通又简单的糕点，蕴含着老师们的美好祝福：愿小孺们在信达学习的每一天都能进步，如虎添翼步步高。

（三）用心养护总会有开花的一天

每一次选择，都有特殊的意义。

仓库里，鲁老师正在组织老师们打包向日葵花籽，再由他们给一年级新生送去。

"你说，小朋友们能把这花种活吗？"

"哈哈，用心养护总会有开花的一天。"

"哪怕不开花，孩子们在种植的过程中，也能有收获、有成长。"

老师们一边忙活着，一边调侃着。

我轻轻地拿起一包花籽放在手心上，它显得那么小，却又如此沉甸甸。小小的花籽里蕴含着巨大的生命力，它会从土壤里破壳，长出绿芽，结出花蕾，开花结果，会一直饱含热情地朝着太阳生长。

向日葵是信达的校花，寓意着积极向上、快乐勇敢。这一包包向日葵花籽，蕴含着老师们对信达小孺的祝福，愿小孺们拥有一颗如太阳般温暖、明亮、快乐的心，也愿他们如花儿般向阳而生。

9月的一天，带着墨香四溢的白底黑字红卷轴，一个装有步步糕、花籽、小孺玩偶及雨伞的"信达牌"幸福书包，我满怀期待地敲响了第一个信达小孺的家门。

"来啦，老师！"门后，传来了孩子清脆爽朗的声音。

门外，阳光透过被微风吹动的树叶，在草坪上散落下一地阴凉。

（车娇）

步步留香

"好的好的，欢迎老师来我们家哦！"

"小艺妈妈，那我们9点不见不散！"

我按照约定的时间，怀着忐忑的心情，开始了来到信达后的第一次家访。

小艺家离学校很远，需要跨越大半个城市。在去小艺家家访的路上，望着渐渐暗下来的天空，不知是因为忐忑还是紧张，我总感觉有点透不过气来。

我刚到小艺家小区门口，天空便下起了瓢泼大雨。因为没带伞，我便用外套将给小艺准备的礼物包得严严实实，一下车便朝屋檐下冲去。

这场风雨交加的初见，让我差点上演了现实版的"人在囧途"。

因为大雨，我的衣服被雨淋湿了，头发也被雨淋湿了，几缕湿发粘在额前。就这样，我狼狈地来到了小艺家楼下。

站在楼下，我轻轻地拂去身上的桂花瓣，确定礼物完好无损后，便准备上楼。

到了小艺家门口，一缕似有似无的桂花香蓦然飘入我的鼻尖，令我原本急躁的心一瞬间静了下来。我又深吸了一口气，按响了门铃。

门一打开，我先看见的是小艺妈妈，继而是一个可爱的小脑袋。小艺怯生生地从妈妈背后探出头来，那眼里满是好奇和羞涩。

我蹲下身来，拉了拉小艺的手，温柔地把她拉到身边，对她柔声说道："小艺，瞧，老师给你带来什么礼物了？"

说着，我从背包里拿出入学通知书递给她。她激动又慎重地接了过去，仿佛接到了"圣旨"一般。

　　小艺妈妈对我说，孩子在我到来之前，问了她许多关于学校的事。但是她没有立即回答孩子，她想等我过来当面回答小艺。

　　"小艺，你想知道什么呀？可以大胆地问我哦！"

　　"老师，同学们会喜欢我吗？学校里有没有玩具呢？我可以带我的小兔子去学校吗？"

　　一个接一个的问题向我抛来，我想今天我来得太及时了，要不然这么多问题可是要憋坏小朋友了。

　　我耐心地回答了小艺的所有问题，她也因此慢慢变得跟我熟络起来，还热情地给我端来了水果和点心。

　　我乘机对小艺说："谢谢小艺，今天老师还给你带来了礼物哦！"当我拿出礼物的时候，小艺迫不及待地走上前来，想一看究竟。

　　看着如此天真可爱的小艺，我的内心也充满了欢喜。随后，我从包里拿出了向日葵花籽和小孺玩偶。

　　我对小艺说："这是学校的校花和吉祥物。小孺玩偶象征着坚毅、勤奋、博学，希望你能像小孺一样在信达校园里快乐成长，成为最棒的自己。"

　　得到礼物后，小艺高兴得不得了，把小孺玩偶紧紧地抱在怀里。

　　没过一会儿，她望着我鼓鼓的背包，好奇地问道："老师，还有礼物吗？"我想她大概把我的书包当成哆啦A梦的口袋了！

　　望着她那纯真又期待的眼神，我的心也变得更加柔软了。

　　接着，我又从包里拿出了糕点，是象征着步步高升的步步糕。步步糕外面用彩色的包装纸包着，上面醒目地印着3个大字——"步步高"。

看着我拿出的糕点，小艺的眼里充满了新奇。

"老师，这是蛋糕吗？看上去很好吃的样子。"

"这是步步糕，吃了以后，你的身高和学习都能节节高呢！"

"真的吗？"小艺惊奇地张大了嘴巴。

我把步步糕递给了小艺，她抬起双手，小心翼翼地接过去，仿佛拿到的不是糕点，而是什么奇珍异宝。

下一秒，她竟迫不及待地拆开了包装纸，赶忙拿起一块津津有味地吃了起来。步步糕甜津津的口感，让小艺幸福得眼睛都眯了起来。这一刻多么美好呀！

小艺妈妈在一旁笑呵呵地说道："真是个小馋猫。"看着小艺那一脸满足的样子，我忍不住笑出了声。

吃完步步糕后，小艺连忙问我："老师，我已经吃完步步糕了，请问我什么时候可以节节高啊？"

我笑着对她说："你现在已经节节高了，有股神奇的力量正在你的身体里，你现在是不是觉得特别有力量？"

听完我的话，小艺摸了摸肚子，说："老师，我好像真的充满了力量呢！"

看着高兴得蹦蹦跳跳的小艺，我和她妈妈相视而笑。满屋的笑声传到窗外，传到雨后依然在枝头绽放的花瓣上，花儿似乎也被笑声感染，开得更加灿烂了。

从小艺家出来时，雨已经停了，空气中弥漫着淡淡的清香。我确认好礼物，走在铺满桂花瓣的路上，开始了我的下一段家访旅程。

（潘亦程）

信赖，往往创造出美好的境界

2022 年 12 月底，我们迎来了一个比往年更长的寒假。出于对学生居家状态的关心，我们几个任课老师开始了全员线上家访活动。

先给谁打视频电话呢？我的脑海中不禁浮现出小金的身影。

小金家是离异家庭，他跟爸爸一起生活，但是他爸爸工作忙碌，疏于对他学习生活的关注，成绩不太理想。他在班里比较安静，可以说是一个"小透明"。

直到那次他和班里小朋友闹矛盾，才引起了我的注意。了解情况以后，我公正地处理了这件事情，还给他一个"清白"。我到现在还清楚地记得他当时无比感激的眼神。事后，小金爸爸也单独发来消息表达感谢，言辞之中满是信任。因为在这件小小的事情中，他感受到了来自老师的公正对待。

后来，我与小金爸爸的交流越来越频繁，内容也从学习深入生活的各个方面。但小金的学习成绩一直难有起色。想到这里，我拨通了小金爸爸的视频电话。

"周老师，您吃饭了吗？好几天没见到您了，您还好吗？"视频接通的一瞬间，映入眼帘的是小金熟悉的笑脸，他正用甜甜的声音像往常一样问候着我。

坐在旁边的小金爸爸，可能没想到平常内敛的孩子，与老师之间竟然这么亲切友好，错愕了好几秒之后，才和我寒暄起来。

我想象中可能会比较尴尬的视频家访，就这样在双方的互相问候中自然而然地开始了。

忽然，我被父子俩身后黑板墙上的学习计划表吸引住了。正好奇时，小金爸爸开口了："周老师，我工作实在忙碌，平时没太多时间辅导他的学习，孩子成绩一直不理想，平常没少给老师们添麻烦。这不，他放假了，可我还没放假，我让他自己制订了一份学习计划，自己管自己。"

听了这话，旁边的小金已经没有了刚开始的热情，头埋得低低的。见此情景，我连忙鼓励道："不会啊，小金上课时小眼睛一直跟着老师转，成绩也已经有好转了，慢慢来嘛！"小金听了我的话，眼睛里闪过一丝光芒，充满感激地看着我。

他爸爸一下子领会了我的意图，连忙自责地补充道："唉，主要责任在我，忙起来的时候，对他的学习实在是有心无力。"

我知道，小金的爸爸也是一名教师，工作起来也是早出晚归。我连忙说道："您忙碌也是为了给小金创造更好的生活，这一点小金也是可以理解的，对吗？"

我边说边望向小金，他迟疑了一两秒后，缓缓地点了点头。虽然只是那么一瞬，但我还是看到了小金眼里的失望与无奈。当然，小金爸爸也看到了，因为他脸上的自责更加明显了。

一时间，镜头里的3个人都停止了说话，气氛一下子变得沉闷了起来。

忽然间，我想到了什么，赶紧从我的课本里掏出了一张夹得平平整整的练习纸，那是放假前我给小金单独补习时，他坐在我的旁边完成的作业。字迹很工整，错误也极少。

我把这张练习纸放到镜头前："小金，你还记得这张作业吗？它是周老师珍藏已久的艺术品哦!"

镜头对面的父子俩一齐凑近了看，小金略感意外地看着我，同时脸上露出了自豪且内敛的笑容。小金爸爸呢，则是满脸惊讶："这真的是他自己做的吗? 多亏了您的辅导啊!"说完，他故作不经意地搔了搔后脑勺，眼睛里的欣喜却怎么也藏不住。有那么一瞬间，我竟从这位老父亲的眼里看到了点点湿润。

收回作业纸，我趁势说道："你看，每个孩子都有无限潜力，只要我们用心陪伴，精心浇灌，他们就会有无限成长的可能啊!"小金爸爸看起来已经明白了我此次家访的用意，但他仍表达了自己平时工作忙碌的无奈。

于是，同样作为家长的我，道出了自己的心声："其实呀，陪伴的方式是多种多样的：吃饭、聊天、阅读、运动等。孩子不会等你不忙的时候再慢慢长大，一旦缺席孩子的成长，那将会成为你终身的遗憾哦!"

听完我的话，小金爸爸若有所思地点点头，什么也没有说，只是站起身，在那张学习计划表上写下了 4 个字：早点回家。当他再次望向我时，从他的眼神里，我看到了满满的坚定。

关掉视频的一瞬间，有一种莫名的感受涌上了我的心头，也许是被家长认可的欣喜，也许是被家长信任的成就感。

其实我知道，一次家访并不能改变什么。

直至第二学期，我在诸多细节中感受到了小金的变化：作业效率提高了，正确率高了，连书写也漂亮了许多；在写作方面，他有了更多自己的思考，并形成了独特的文风，多篇单元作文都被我当作范文，用来读给其他学生听。此外，他的文章还登上了我校的《孺见》报纸，他也当之无愧地被评为我们班的"醉人小作者"。

同时，我还感受到了小金爸爸的变化：每天家庭作业的家长签名栏上都有他的名字；作业纸上有他用铅笔精心批改的痕迹；每天放学时，我也总能看到他亲自接孩子的身影；在两周一次的备忘录上，我经常看到他跟我分享小金在家的良好表现。诸如此类，都能看出他越来越关注小金的成长。

家访年年都有，而效果却不是回回都有。不过，我们仍然要相信教育的神奇力量。一番谈话、一次家访、一个激励措施，凡此种种，都能带给学生成长的力量。不过，只有在信任的加持下，每一次的教育行为才能取得事半功倍的效果。因为信赖，才能创造出更加美好的境界！

（周风艳）

我们一起来看你

"朱老师，太谢谢您，太谢谢同学们了！"小缘妈妈的喜悦通过文字透出屏幕，"这两天，小缘一遍一遍地看，边看还边咯咯地笑。朱老师，这份礼物太用心了！"

这几天，小缘生病住院了。突然少了一个活泼好动、发言积极、人缘极好的同学，班级里一下子安静了很多，不仅同学们不适应，老师们也不太适应。

据小缘妈妈说，病情稍有好转，小缘就问她自己什么时候可以上学。可以想象，平时热爱运动的小缘现在整天躺在病床上，是多么不自由啊。

治疗了半个月后，小缘终于要出院了，我打算带上班干部去看望她。晨谈时，我跟班里的同学提起了这件事。

"同学们，小缘生病已经有半个月了，听说她还要在家休养一个星期。朱老师打算这几天去看望她。"

"朱老师，我们可以去吗？"小缘的同桌问道，他的提问瞬间炸翻了全场。

"我也想去！""我也要去！""要去也是我们女生去，你们男生凑什么热闹？""大家都是同学，男女平等！"……

看着闹哄哄的教室，我有点犯愁：这下可怎么办？

这时，我突然想到3年前，我儿子生病的时候，儿子的班主任到医院探病，不仅带来了儿子爱吃的零食，还很用心地让班里的每个同学写了字条，附上留言，折成了千纸鹤。

这些充满爱意的千纸鹤，被我儿子当宝贝收藏了起来。他不舍得一次性看完，每天像摸奖似的，从纸袋里摸出一只，乐滋滋地拆开，认真阅读上面的留言。

每当拆到好朋友写给他的留言时，他就会与我们分享他们的趣事；而当拆到平时与他没什么交往的同学的留言时，他就会不可思议地感叹：啊，原来她对我也这么好啊？

这份礼物不仅给生病的儿子带来了安慰，也给沉闷的病房带来了不少欢乐。

我心生一计。

"同学们，别急。朱老师打算把你们都打包带去。"看着那一张张惊讶的小脸，我故作神秘道，"朱老师想到了一个很好的办法，比你们亲自去看她还要好的一个办法。我们可以以小队为单位，拍一个诚意满满的视频送给她。"

"好的好的，这样我们每个人都可以与小缘说上话了，真的去了，这么多人，还不一定能说得上话呢。"

"这个办法好，大家真的都去了，闹哄哄的，反而会打扰小缘休息。"

"拍成了视频，小缘可以慢慢看、反复看，这样她就不会感到寂寞了。"

看到学生一个个马上领会了我的意图，我继续引导道："我们怎么拍，才是诚意满满的呢？拍些什么，小缘才爱看，不会看厌呢？"

"不能空洞，不能都说'祝你早日康复''祝你早日回到学校'之类的话。"

大家陷入了沉思。一段时间后，学生们又慢慢地活跃起来。

"我们可以到学校的各个角落里拍，让小缘不仅能看到我们，还能看到学校。"

"我们应该拍小缘喜欢的地方。比如，小缘爱运动，我们就在篮球场上拍，勾得小缘心痒痒的，让她好好配合医生，早点康复。"

"哈哈哈，小缘还是个吃货呢，我要到食堂里去拍。"

看到学生如此有创意，我就大胆地放手了："同学们的思路不错，那么你们就分小队讨论吧，在哪里拍，情节怎么安排，大家说些什么，都由你们自己商量。朱老师只有2个要求：一是要让小缘看了开心，能唤起她美好的回忆，让她感觉到，虽然自己不能来上学，但好像从来没有离开过校园；二是要小队成员人人出镜，人人有台词。你们方案定好，排练好，就可以跟朱老师预约拍摄。"

学生们的创意五花八门。2天时间不到，我的手机里就储存了7个完全不同的祝福视频：有在班级图书角，用各种各样课外书诱惑小缘的；有在教室外走廊里玩"斗鸡"游戏的，同学们说这是最近大家热衷的游戏，想向小缘发起挑战；还有以热火朝天的篮球场为背景，回忆与小缘一起运动的；也有在跑道上，历数小缘在运动会上曾创下的佳绩的；等等。

这届学生都早已毕业了，小缘家的地址以及当时家访的情景都已经有点模糊了，但学生们各抒己见的讨论、充满爱意的创意、稚嫩真诚的演绎，一幕幕却仿佛依然在我眼前。

（朱建花）

"N＋1"：家校共话的第四种打开方式

窗外月色朦胧，树叶沙沙作响，似在回忆方才的热闹与繁忙。伴随着这样的月色，家长们陆陆续续地离开了校园。

"哎，家长会准备了这么久，可是开完以后，我感觉有好几个家长还没来得及交流呢！"办公室里陈老师边收拾背包边感叹道。

"是啊，好几个家长围着我聊到了9点多，要不是校长来催，我们还要继续聊下去。"张老师端着茶杯思索着，"我发现每次开完家长会，学生们共性的问题是解决了，但个性的问题都来不及逐一沟通，还不如去家访呢！"

谢老师打趣道："我看还是约谈方便，我一个人带3个班，去家访的话，时间都在路上了。"

天色越来越暗，此时的月亮不知躲到哪里去了，可办公室里的灯光却更加明亮了。

办公室里老师们讨论的劲头更足了。"传统约谈是老师们有了沟通的需求，主动出击，若是能在家校共话中找到第四种方式，让家长们主动提出自己的教育困惑，来预约相对应的学科老师一起进行交流，不就更加高效了吗？"

"根据家长们的需求，预约几位老师一起交流，这个想法倒是挺有趣的，不如就叫作'N＋1家校共话'吧！"我提议道。

"我们还可以提前了解家长们的沟通需求，备好课再交流，肯定能帮助家长们解决更实际的问题。"经验丰富的阮老师补充道。

办公室里其他老师听后，也纷纷加入聊天，就更详细的内容展开讨论。

有了这样的想法，第二天一早，我就在手机班级群里打下了这样的一段文字：如果你在家庭教育中有任何痛点、难点……那么，"N＋1家校共话"欢迎您主动预约。

我把制作好的预约时间表发到班级群内，顿时一石激起千层浪，班级群里的家长们就这个话题聊开了。

"好几个老师一起谈吗？"

"我们家的孩子怕吃苦，不喜欢上体育课，我想预约体育老师。"

"我很想预约，可是我'社恐'，面对3位老师我有点害怕。"一个妈妈提出了她的担忧。

"为了孩子，'社恐'也能变成'社牛'。"

群里的讨论十分激烈。不一会儿，"叮叮叮——"班级群跳出了一连串消息，我拿起手机一看，原本空白的预约表此刻被填得满满当当。这出乎意料的结果，让我对这项活动有了些许信心。

很快我们就迎来了第一户预约家庭——小蔡家。来到交谈室，我们都坐了下来。小蔡看上去有些不安，他的眼神不敢与我交会，身体微微缩起来，仿佛想要躲进自己的小世界里。

我笑着开口说道："小蔡妈妈，今天你们主要想沟通什么话题？想获得哪些帮助呢？"

"凌老师，可把我愁死了。我们家孩子太内向了！"他妈妈一坐下来，就打开了话匣子，絮絮叨叨地说了起来。

听到这话，小蔡低下了头，更加拘束了。我微笑着摸了摸他的头，对他说："别紧张，今天老师们只是想和你以及你妈妈聊聊天。"

还没等他说话，小蔡的妈妈就抢过了话："我们小蔡不爱和人交流，平时在家里都不怎么说话的。"

听了小蔡妈妈的话，我有些许困惑，因为这与我在学校里看到的那个活泼热情的孩子截然相反。而此刻，热情和拘束在母亲和孩子的身上表现得是如此明显。

我们几位老师对视了一眼，一下子就明白了问题的症结所在。

"小蔡妈妈，孩子的成长是一个需要不断自我体验、自我负责的过程，家长有时要把成长的权利还给孩子……"

不知不觉中，已近傍晚时分，淡淡的橙色余晖透过窗户，洒落在交谈室中，为这次的交谈画上了句号。

有了这个好开头，这项活动开展得越发顺利了。我们迎来了一户又一户家庭，大家畅所欲言，沟通解决了许多有关孩子教育的困惑。

"凌老师，上次我们沟通过以后，我也经常鼓励小蔡，带着他和其他小朋友多接触，现在在家里，他开朗多了，还常常邀请小伙伴们来家里玩呢！"

"凌老师，我们家孩子最近进步挺大的，多亏了'N＋1家校共话'这项活动。"

"凌老师，我们家长都很支持这个活动，以后还会继续开展的吧？"

活动后期，我收到了许多家长的私信，看着这一句句表示支持感谢的话，我内心感触颇深。

班上36个孩子的背后，是36个不同的家庭。通过这种特殊的沟通方式，我真正认识到了家校沟通的意义。它并不局限于一种形式，而是一趟教育的短途旅行，是一次心与心的交流碰撞，是一场爱与温暖的双向奔赴。

（凌佳）

你不必完美

穿梭在城市的大街小巷之中，敲开每一扇充满爱与希望的大门，和家长们促膝而谈，看到一个个家庭的缩影，感受一次次殷切的期待。是的，又是一年家访时。

小Y的成绩在班级中并不理想。就拿英语这门科目来说，他的单词基础薄弱，对于知识点一知半解，一直以来的学习状态令我头疼、焦虑。

面对这样的学生，该怎么和家长进行沟通呢？单靠一次家访，又能让他有什么改变呢？我充满疑虑。

于是，我拉着资深班主任崔老师敲开了小Y家的门。开门的是他妈妈，一个年轻漂亮的女士。

小Y是家中的老大，家里还有一对双胞胎弟弟，3个孩子都已上小学。

他妈妈很热情，和我们聊得也很愉快，但提起小Y的学习表现时，她面露难色，支支吾吾，难为情道："我家小Y给老师们添麻烦了，学习成绩这么差，总是给班级拖后腿，真是不好意思！"

听到这话，崔老师一把搂住旁边的小Y，急着说道："不许你这么说他，小Y一点儿也不差！"听到这话，小Y妈妈先是一愣，渐渐地眼眶有些红了。

见他妈妈有些动容，崔老师语气一转，继续说道："你太不容易了，每天辅导3个孩子的作业，虽然接管这个班的时间不长，但我们每个老师都能清楚地感受到你的用心。这一年，孩子的每一张校本作业单上都有你辅导过的痕迹，你是一位负责任的家长，小Y很幸福！况且，小Y身上也有许多的闪光点，我们不必追求孩子完美！"

听到这话，孩子妈妈再也忍不住，躲到一旁偷偷擦拭眼泪，生怕被我们发现。

"我们不必追求孩子完美！"这句话不仅让小Y妈妈动容，也让我的心为之一颤。

是啊，小Y的确在学习上存在一定的困难，但他可是我们班当之无愧的"短跑健将"，是学校田径队的"种子选手"。在赛道上驰骋的小Y，闪耀着属于自己的光芒。

除了擅长运动，小Y还是个不折不扣的"热心肠"。他是班级的"卫生管理员"，每天放学后，他总是最后一个离开教室，双手拎着垃圾袋，以全力冲刺的速度奔向垃圾站；他是老师们的得力"小助手"，每节课后，他总是捧着厚厚的一摞作业本，奔向老师的办公室；他还是小组合作中的"调和剂"，总是主动挑起大家都不愿意完成的任务。

"小Y，我们可以看看你的书房吗?"崔老师问道。我的思绪又被拉回到这次家访中。

来到书房，首先映入我们眼帘的是小Y在体育方面获得的各种奖杯、奖状：100米跑步第一名、跳高第一名等。

我不禁向小Y发出邀请："小Y，我们可以和你这个未来的运动明星，以及这一墙的奖杯、奖状一起拍一张合照吗?"

听到我的话，小Y瞬间变得羞涩起来，脸上也闪过一丝难得的腼腆。他缓缓地走到我们的身边，和我们一起看向镜头。按下快门的那一刻，他妈妈也欣然地笑了。

尺有所短，寸有所长。是呀，我们不必追求完美！

每个孩子身上都有自己独特的闪光点，那是一道熠熠生辉的光芒。我们应该给他无限的期待、美好的祝福、积极的肯定、正确的引导。

家访结束后，走在夜幕中，"不必追求孩子完美"这句话在我的脑海中不断回荡，令我的教育方向逐渐清晰起来。

同学们，你们要跑起来，欣赏缤纷的世界，沿途所见皆是风景，记住只要心中有光，必有远方。

家长们，你们要慢下来，停下来看看台阶上小小的身影，看看孩子们身上的"光"，给予他们无限的希望。

老师们，我们要蹲下来，真诚地走进学生们的心田，发现和维护学生身上的闪光点，那是他们人生路上希望的种子。我们要耐心浇灌、细心呵护，静待种子发芽开花。

（仲舒婷）

米小圈上岗记

在一年级新生家访中，我们班米小圈的书房给我留下了深刻的印象。踏进书房，首先映入眼帘的是满桌子的书：横的横，竖的竖，有些摊开的书页上还沾着星星点点的不明油渍，用过的餐巾纸被随意扔在桌子上。看着一片狼藉的桌面，我心里直犯嘀咕："哎呀，这么邋遢，上了学可怎么办呢？"

开学后，果然如我预料。在他的课桌上，各种学习材料横七竖八地任意堆放着，而他总能视而不见。每节课上课前，他总是要在老师的提醒下，才急急忙忙拿出上课要用的书本。对于桌面上多余的东西，他小手一捞，便一股脑儿塞进那已经饱胀的桌肚里。

经过一番深思熟虑后，"米小圈上岗记"这个计划便在我的脑海里成形了。

（一）获取上岗资质

陶行知先生曾说："人像树木一样，要使他们尽量长上去，不能勉强都长得一样高，应当是：立脚点上求平等，于出头处谋自由。"

身处学校这个大集体，每个学生都希望得到老师、同学的认可与肯定。在一起相处的过程中，学生之间也会互相影响。

有了，不如给他安排一个能干的同桌！

就这样，我安排了一个小榜样坐在他身边，默默地督促他。下课时，听着同桌善意的提醒，看到同桌整洁的桌面，他也会默默地将桌上的水杯放在该放的位置上；写作业时，如果留意到米小圈在发呆，同桌也会拍拍他的手，示意他要专注眼前的事。

同伴身上似乎有股神奇的力量，自从有了小榜样在身边，从他那邋遢的身上，我似乎看到了那么点改变。

（二）进行岗前培训

米小圈一点一滴的变化，他的努力与付出，同学们都看在了眼里。不知不觉间，在同学们的心里，米小圈有了小小的威信。

陶行知先生说："好的先生不是教书，不是教学生，乃是教学生学。"乘着这股可喜的东风，我打算安排他做班级的抽屉管理员。

做这个决定的时候，我的内心十分忐忑。回顾我的小学生涯，班主任也曾让行为习惯不太好的学生来管理其他学生，希望以此来改善他的行为习惯，但计划往往半途而废。

为避免出现这样的情况，我为获取了上岗资质的米小圈开启了岗前培训。

当我把这个决定告诉他时，他兴奋得小脸通红。我摸着他的头，笑着问他："要当'官'了，你打算什么时候检查？你检查的标准是什么？你想过在检查的过程中会遇到什么问题吗？如果遇到问题，你又该如何应对呢？"

面对我这一连串的提问，米小圈一脸茫然地看着我。我拍拍他的肩膀，对他说："加油，回去好好想想。你的进步，老师和同学们都看在眼里，老师相信你可以的！"

当天下午，我便约上米小圈的家长，进行了一次放学路上的家访。我跟家长说了我的计划，希望家长给予孩子一定的支持与帮助。

第二天一早，他双手紧紧捏着一张纸条，一蹦一跳地来到我跟前，扬起小脸，开心地说："爸爸妈妈昨天都表扬我啦，他们说我最近整理习惯好了很多，我们一家人还一起制定了这份工作标准呢！老师，您快看看吧！"

我打开纸条看了一下，虽然这些标准稍显稚嫩，但是我还是很开心地告诉他："你真棒！现在你可以正式上岗了！"

（三）练出一身技艺

米小圈正式上岗啦！

正式上岗后，米小圈有了很大的变化。之前一下课，他便沉迷于书中的世界，现在的他，一听到下课铃声，会第一时间整理好自己的桌面与抽屉。然后在班级里巡逻一圈，对抽屉不整洁的同学给予提醒。

他按照自己制定的标准，认认真真地工作着。但随着时间一天天过去，他又开始沉迷于和同伴之间的愉快玩耍，以及书中的神秘世界，检查抽屉对他来说失去了吸引力。他开始懈怠了。

这样的情况在我的预期内。我带着他来到了那份他自己制定的标准前，看着贴在墙上并有他签名的标准，他低下了头，沉默不语。

我摸摸他的头说："你之前的努力和付出，老师都看在眼里，你做得真的很不错。前两天还有同学跟我说，因为有了你的帮助，他的抽屉整理有了很大的进步呢。这都是你的功劳。既然我们已经开始做这件事了，就应该坚持下去，认认真真做好它。如果中途遇到什么困难自己解决不了的，就来找老师，我们一起想办法解决。"

听了我的话，米小圈红了眼眶，重重地点了点头。当天晚上，我便和米小圈的家长进行了电话家访，告知了米小圈最近的状态，也希望他们可以对孩子的就职过程给予及时的关注、鼓励，以及适当的奖励。

当然，在这个过程中，米小圈的行为是反复不定的，有时我也会失去耐心。在工作忙碌起来的时候，我也会疏于对他的关注。

但是我一直告诉自己，只有持续地关注与引导，才能让米小圈在这个岗位上待得久一点，再久一点，只有这样才有可能让孩子发生改变。

时间一晃就过去了，现在米小圈上三年级了。我很欣喜地看到，孩子真的发生了变化。

在一次视频家访中，镜头背后出现了整整一书柜的书籍，整齐又干净。而小家伙则端坐于书桌前，神采奕奕。2年前杂乱无章的桌子也早已不见踪影，取而代之的是整洁的书桌。

持续地关注孩子的成长，家校之间共同的努力，有时真的会创造奇迹。

（林李桃）

舞台上的你和我

初夏，风轻柔地吹着，大樟树伸展着绿荫，俯瞰着这群如晨露般清亮可爱的学生。

（一）"我不行"

信达校园十佳歌手大赛要开赛了！学生们像鸟雀一样围拢在一起，指着大樟树下"校园十佳歌手"的海报，叽叽喳喳地议论着："我要报名！""我得试试！"

看着他们欢喜的模样，我暗暗为学校的活动叫好。每年，学校都会举办各种活动，如"三月朗诵季""四月足球联赛""五月天文知识竞赛"等，每个月都有，几乎每个学生都能找到一个让自己发光的舞台。

正当我为此拍手叫好时，眼角的余光瞥到了小艾，她被挤到了角落里，正费力地踮着脚看海报。

这是一个特别爱唱歌的学生，只是有点腼腆，每次唱歌的声音都很轻。

见此，我走过去，一把揽住她的肩，鼓励道："报个名呗！你唱歌可好听了！""我……我不行！"她嗫嚅道。

我知道，这是一个内向甚至有些胆怯的学生，登上这个舞台也许就是她转变的契机。

（二）"我们慢慢来，一定行"

为了鼓励小艾报名，我和小艾的家长进行了电话交流。我拨通了小艾妈妈的电话，在电话中，我表达了自己想要鼓励小艾报名参加校园十佳歌手大赛的想法。小艾妈妈听后，也为孩子能有这样的一个机会而感到高兴。

"高手太多了，我……我不行的！"接过妈妈手中的电话，孩子弱弱地说。

"怎么不行，曾老师可教了好几个班的音乐，我觉得你唱得最好了！"我真诚地劝道。

"真的吗？"她的眼里立刻闪过一丝光亮，像黑夜里璀璨的星光。"嗯！当然是！报个名呗！"或许是受到了我的鼓励，小艾终于点了点头："那就试试吧！"

比赛初选马上就开始了。三十五选二，谈何容易。见此，小艾又畏怯了，瞥见她闪烁的目光，我的心头不由得一紧。

我轻轻地走到她身边，轻轻耳语道："加油，小姑娘，你肯定可以的，相信自己。"小艾听后点点头，羞涩地一笑，低声说："谢谢您，曾老师。"

终于，她上台了。她的歌声婉转动听，如百灵鸟般清脆，虽然肢体动作还因为紧张、羞怯而略显僵硬，但瑕不掩瑜，她入选了！

得知自己入选的消息，她的眼中满是喜悦，我也从她眼中看到了一点点燃烧起来的信心。

之后，进入了比赛培训阶段。在这期间，我和小艾妈妈再次进行了电话沟通。因为有次训练，小艾没有来。为此，我拨通了小艾妈妈的电话，关切地询问道："小艾妈妈，小艾今天怎么没来训练？"

"曾老师，这次比赛，小艾是主唱，她怕唱砸，不想参加了。"电话那头，小艾妈妈焦急地回答道。哎，原来是那颗怯弱的心又开始动摇了。

"没事，不着急。小艾妈妈，放宽心。让孩子先放松调整两天，等她情绪稳定后，我陪她一起练！"

"太好了，曾老师，谢谢您，这孩子给您添麻烦了！"

两天后，小艾回到了训练场。

最开始，我没有让她和其他小伙伴们一起排练，而是悄悄地找了间音乐教室。我俩一起搭档，一起练。没有周围小伙伴们的目光，她自然放松多了。

"别急，我们慢慢来，一定行！"我安慰她。

每天傍晚时分，我从节奏到音准，结合着舞蹈动作，带着她一点点练习。一次又一次，一遍又一遍，她的肢体越来越舒展，声音越来越放松，目光越来越坚定。

当她再一次和小伙伴们合作放声歌唱时，我由衷地赞叹道："你唱得太好了，相信自己准没错！"她笑了，是那样快乐。

就这样，我们一起携手走过那些培训的日子，为即将到来的比赛忙碌着。

（三）"我们都很棒"

决赛当天，我与小艾妈妈进行了第三次电话沟通。

终于来到了决赛的舞台，那日台上群星闪耀，台下座无虚席，所有人都兴奋地期待着学生们的表演。

小艾站在舞台上的那一刻，一定是她妈妈最想看到的一幕。于是，我悄悄地来到舞台前方，拨通了视频电话。

歌声响起的那一刹那，我们看到了一个全新的小艾，她带着天使般的笑容，在舞台上收放自如。她的歌声如翠鸟弹水，如黄莺吟鸣，深深地感染了大家。

曲终，台下掌声雷动。还没等我回过神来，小艾就像小鸟一样欢快地飞进了我的怀里。

"谢谢您，曾老师！"听到小艾的这句话，我不禁鼻子一酸。我低头看向小艾，她的眼睛里也有泪光闪烁。

此时，微信提示音传来，我打开看了一下，是小艾妈妈发过来的信息："曾老师，谢谢您，我从来没有看到孩子像今天这样自信，这样闪亮。您太好了，我没想到，一位音乐老师也这么关注我的孩子，信达太好了！"

听到小艾妈妈的话，一种被认可的幸福感涌上心头，因自己，也因学校。

我不由得想起在一年级的入学典礼上，孩子们大声地吟诵着日本诗人金子美铃的诗句："铃铛、小鸟，还有我，我们不一样，我们都很棒。"

多年来，信达总是不遗余力地搭建着各式各样的舞台，践行着"让孩子成为孩子，让自己成为自己"的承诺。

（曾丽娟）

悄悄为你撑把伞

（一）这个孩子有点不一样

8月的一天，我开启了我的家访之旅，准备去见一见新到的一年级学生。

第一个被家访的学生叫小果。我和同事带着新生礼物，来到了他家。当我递上校伞时，他迫不及待地接了过去，把玩着那印着"信达"字样的伞，欢喜得不得了。

看着他活泼的模样，我好想过去和他单独聊几句。但是我每次靠近他，他总是眼神躲闪，不敢看我的眼睛，甚至还有些局促。

初次见面，我隐隐感觉到这个孩子有点不一样。

当日阴雨绵绵。我们要离开时，他一直用眼神暗示他妈妈，想要下楼送老师们。只见他早早拿出那把校伞，在家门口等待着。我们一出门，他便欣喜地打开了那把伞。

那一瞬间，我们都笑了。原来他就是想看看这份礼物啊。雨中，小果和妈妈撑着橙色的校伞，目送我们离开，这一幕特别美好。

后来，这一幕经常在我脑海中反反复复地出现。这是一把可以为小果遮风挡雨的伞，而这把伞，即将从他妈妈的手里传递到我的手里。

（二）"我有情绪啦"

9月伊始，我们进入了正式的学习生活。

我格外关注小果的表现，他很努力，适应得也很不错。短短一个月时间，小果的行为规范和自理能力都有了很大的进步。

通过这段时间的观察，我也更加了解这个学生。他暖心有爱，学习能力超级棒。看他平稳地度过了入学适应这个阶段，我也为之松了一口气。

后来，发生了一件我意想不到的事情。

某天课间，从教室里传来了一阵刺耳的尖叫声："我有情绪啦！"正是小果的声音。

我赶紧跑回教室，只见他站在散落的书本中间，满眼泪水，正跺着脚哭泣着。

见状，我赶紧把他带到办公室，安抚他的情绪。他边哭边说："我同桌一直说我的字写得不好看。我不理他，他还要说……"他越说越伤心，忍不住大喊了起来。

我拍了拍他的背，对他说："郜老师理解你，你不想被同学说，你其实是可以自己慢慢写好看的，对吗？"

他很用力地点点头。

事后，我给他妈妈打了电话。通过和他妈妈沟通我才了解到，原来，小果曾是一个略带自闭倾向的孩子。

他很晚才开口说话，常常活在自己的世界里。跟人说话时，也不敢看对方的眼睛。和人相处时，情绪常常失控。在幼儿园时，他总是喜欢自己一个人玩。

这样的他，让我更加疼惜。于是，我和他有了约定：当有不高兴的事，想发脾气时，先找郜老师说；当有做不好的事，心里难过时，先找郜老师帮忙。

半个学期相处下来，我尽力为他遮风挡雨，他对我也越来越信任。

（三）我们一起来解决

运动会如期而至，小果参加了50米接力赛。在交接棒过程中，他发生了失误，交接棒不小心掉了。同学们都因此埋怨他，面对同学们异样的眼光，他的情绪再次爆发了。

比赛结束后，热心的家长志愿者们将比赛视频发到了班级群。没过多久，我就接到小果妈妈的电话，她第一句话就是："邰老师，对不起，小果拖后腿了。"

"没关系。孩子在成长过程中本就会遇到各种各样的问题，我们一起来解决。"

我和他妈妈商量后，决定共同来解决这件事情。一方面，要争取同学们对此事的理解；另一方面，我们也一致觉得还是要和小果沟通，试着让他去理解同学们对此事的态度，也借此培养他的集体荣誉感。

我先做同学们的工作。晨谈时，我和同学们谈心："谁都有失误的时候，我们不应该互相指责，而是要共同进步。如果我们能包容出现失误的同学，他一定会感觉很温暖，在之后的活动中，他也会更加努力。"

同时，我课后单独找到小果谈话："小果，多亏了你，我们班的50米接力赛才凑够人数。"小果听完，不好意思地笑了笑，可爱极了。

我继续说道："同学们都很希望能赢得这场接力赛，这次没有获胜，大家难免不高兴，可能因此迁怒于你。但大家不是有心的，只不过是希望咱们这个集体更好而已。你能理解吗？"

他立马很大声地回复我："是的，我也是这么想的。"

运动会的"插曲"过去不久，我收到了来自小果妈妈的一封信。这封信我一直留存至今。

信上有这样一段话："虽然我和邰老师认识的时间不长，但已深深感受到邰老师的认真负责、细心严谨，处处关注孩子的情绪，并且能够花时间耐心地和孩子沟通，让我家这颗'星星'平稳过渡……"

读着家长的来信，我的内心满满的都是成就感。

对于一年级的小学生，我们对他们的教育一定是着眼于未来的。

一年后，我开启了第二次家访。

当我再次来到小果家时，他兴奋得拽着我聊天，带我去看他的书房。

与初见时的阴雨天不同，这一天艳阳高照，蝉鸣声声入耳。

当我离开时，他又跑下楼送我。这次，他是带着妈妈的太阳伞追上我，为我遮挡阳光的。

"流水不争先，争的是滔滔不绝。"在教育的世界里，亦是如此。我们争的不是一时的成绩，而是学生长久有力的发展。

既然家长把这把"伞"传递到了老师的手中，我们就要悄悄撑好。

（邰胜男）

第四章

一份A4作业：为了每一个孩子

从创立初，信达便开创了"A4"书面作业纸的管理模式。老师须根据学生的学习情况，以适切、精准为原则，原创设计作业，且不得超过一张A4纸的量。老师要努力做到"手中有作业，胸中有理念""眼中有作业，心中有学生"。

如何让作业多些生趣、多份关爱、多点引领？信达的老师在原有作业的基础上，进行了改良与优化。如今，作业的意义已不仅是学习诊断与评价，而是强调将学习与发展相融合，关注学习思维与方法，帮助学生们自主学习、快乐成长。

"一份A4作业"，创新作业形式的试金石

作业多不多？难不难？这些问题一直困扰着当代教育工作者。作业，也不仅仅只是作业。作为信达人，我们深切地知道，作业关系着每一个学生的身心健康和未来成长。

2003年，早在学校创办之初，信达便开创了"A4"书面作业纸的管理模式，要求老师必须根据学生的学习情况，以适切、精准为原则，原创设计课后作业，且不得超过一张A4纸的量。此外，任何学科的教辅资料，都要做到"三不进"。

这一管理模式已实行了20多年。在此期间，老师们始终牢牢把握住"量"的底线，在此基础上做"质"的文章。

每一天的作业背后，还隐藏着学生的情绪、自我管理、自主学习等问题。因此，我们在A4作业纸中嵌入了赋能元素：计时器、晴雨包、助力码、路线图等。

"天天的晴雨包"让我们看到了学生写作业时的情绪；"小拖拉的沙漏"让我们欣喜于学生在把控作业时间方面的转变。除此之外，素材码、解惑码、自助码等助力码的开发，有助于学生们获取学习方式或解题思路。

在信达，孩子们始终以研究者的身份置身于写作业的全过程。

别说孩子小，陶行知先生倡导，让小先生们活跃在撬动作业方式变革的前线。

你出题，我解题；他讲题，我们评题。学生"冠名题"的设置，凸

显了学生们在"作业"这一教育环节中的主体地位。

"我的作业是这样设计的……"活跃的儿童思维，补充拓展了作业设计中的儿童视角，开辟了一片作业设计新天地。

回望20多年的坚守，A4作业纸的迭代、综合项目型校本作业的尝试、无作业周末的实施等，这些变化体现的是我们对作业内涵、作业功能与价值的新思考。

通过多途径、多维度地激发作业的活力，信达实现了从"知识本位"向"素养本位"的转型。在信达，每一位老师都要努力做到"手中有作业，胸中有理念""眼中有作业，心中有学生"。

"在作业和命题上，有没有'点金石'？"

"有没有让学生特别喜欢的、有趣的作业？"

"有没有'解一题，百题自开'的题目呢？"

"有没有……"

作业，是学生学习过程中的重要环节之一，是教师引导学生开展自主学习、实施过程性评价的重要任务。但无论是学生还是老师，想要喜欢上作业这一环节都不容易。

如何让作业多些生趣、多份关爱、多点引领？带着这样的问题，老师们在原有作业的基础上，进行了改良与优化。

马伊诺老师推出了"小耳朵里藏着大智慧"。这一小学低龄段口语作业的尝试与运用，通过二维码实现人机互动，将角色扮演、故事创编、情景模拟等小学生喜欢的方式融入口语作业中，解决了低年级学生口头作业的形式机械、内容单调等问题，形成良好的作业体验参与感，大大提升了作业效能感。

在项秀芳老师"吹不破的牛皮"中，学生们兴致勃勃地挑战不可能完成的任务——计算鸡蛋的表面积。

在赵慧婷老师的"小游戏，大智慧"中，学生们纷纷应用学科知识，设计出好玩有趣的课间游戏。

在邹林宏老师的"上学路上的色彩"中，学生们在上学路上，研究"眼中"的渐变色、"脚上"的自然色等。

丰富有趣的假期项目化作业，让生活遇见了知识，让知识回归于生活，使学生们爱思考、会探索、乐研究，真正帮助学生在作业上实现了"质"的增效、"量"的减负。

在杨烨嘉老师的"'小拖拉'变形记"中，作业单中的计时器就是一条短短的横线，它没有特殊的魔法，但能让学生掌握学习主动权。这也帮助小 Q 摆脱了身上"小拖拉"的标签。

在徐冲老师的"心里的话儿就让表情包告诉你"作业单评价表情包中，皓同学作业的"狂浪"令老师心情凉凉。但通过丰富有趣的表情包，老师能对学生作业背后的良好习惯和学习态度的养成进行实时跟踪。

在张美娜老师的"从'助力码'到'我'来码"中，一个小小的二维码，带来了一场学生自主学习方式的华丽转变。

在作业单中，这些小小的"元素符号"，已经通过潜移默化的方式，成为学生发展的助力神器。

"有没有'解一题，百题自开'的题目？"在赵越华夏老师的"冠名题里开出的一朵花"中，学生们自己出题、解题、评题，通过将作业的主动权放权于学生，充分激发了他们的挑战欲。

谁说学生只能做题，不能出题？"三人行，必有我师焉"，小先生出的题，也不好解。"冠名题"的出现为作业改革增添了新视角。

时代在变化，教育在前行。作业的意义已不仅是学习诊断与评价，而是要强调将学习与发展相融合，关注学生的学习思维与方法，帮助学生自主学习、快乐成长。

（关银飞）

有意思的1千克

"1克原来这么轻，基本感觉不到呢！"

"1千克的物品看似不是很重，但是举久了，手还是会感觉有点酸。"

教室里，学生们七嘴八舌地议论着，甚至一个个迫不及待地"动手动脚"，通过各种方式感受物品的质量。

忽然，我们听到小Y对着同桌小J大声说道："老师让我们带1千克的东西，你的东西怎么比我的大这么多，你没有按老师的要求带1千克的东西。"

"妈妈给我称过的，就是1千克的。"小J答道。

说着，两人互相交换了自己带的物品。小Y认真掂了掂，终于信服："的确差不多重，我们的东西虽然大小不一样，但是是一样重的。原来物品的质量与它的大小没有关系呀。"

下课的时候，小Y走到我面前，说："魏老师，我在做填单位这道题目时，错了好多个空，看来这个周末，我要让妈妈去给我买个秤，我要好好去称一称各种东西的质量。"

小Y的提议让我眼前一亮，像这样容易填错质量单位的学生还不少。

意大利教育学家蒙台梭利认为："学习知识，如果听了，很容易就会忘掉；如果看了，就记住了；如果做了，就理解了。"

我对小Y同学说道："你这个主意不错，这个周末，我们就好好去称一称，感受一下物品的质量。你这个点子可以获得我们本期数学的金点子奖。"

小 Y 同学一听，兴奋地和同学们分享了这个好消息。

一份数学综合实践活动作业，就这样在学生们的期待中出炉啦！

二年级综合实践活动（克与千克）

————————— 学号 ———————

小朋友们：

　　学习了"克与千克"，为我们打开了"质量"的知识大门，在质量的世界里，我们要学会估计一个物品的质量，会根据已知物品的质量推测其他物品的质量，同时也要熟知身边常见物品和亲人朋友的体重，让我们在家长的帮助下完成一次质量体验的实践活动吧！

一、估一估、测一测身边人的体重（数据要带上单位）

称呼	估一估	量一量	对于体重的建议
我			

　　二、质量小调查：去超市调查用克和用千克做单位的物品，并做好记录。（每个单位使用不少于5次，在反面空白处自己设计记录表）

　　三、个数小调查：到超市或水果店称1千克的物品。先估一估数量会有几个，再实际称一称质量、数一数个数。其中，苹果和鸡蛋是必须完成的物品，另外再自选1—3种物品。（在反面空白处自己设计记录表）

　　四、比一比、称一称：利用能找到的秤，选择家中的物品（不少于5种），先估一估物品的质量，再称一称，录制一个小视频（不超过3分钟）发送至钉钉。

综合实践活动作业

作业分成了四大板块：

（1）估一估、测一测身边人的体重。

（2）质量小调查：去超市调查用克和千克做单位的物品，并做好记录。

（3）个数小调查：到超市或水果店称 1 千克的物品。先估一估数量会有几个，再实际称一称质量、数一数个数。

（4）比一比、称一称：利用能找到的秤，选择家里的物品（不少于5种），先估一估物品的质量，再称一称，最后录制成一个小视频（不超过3分钟）发送至钉钉。

周末，大家都用心投入实践作业中，一份份学习成果令人惊喜。

"今天的作业整理课时间，让我们一起来看看同学们录制的作品。看完之后，大家可以给小老师们提提建议哦！我们先来看小 Y 的作品。"

我打开了小 Y 的视频。视频中，小 Y 在桌上整整齐齐地放了一个妈妈的发夹、一包纸巾、一个鸡蛋、一个苹果，接着小 Y 说道："我现在称的这些东西都是比较轻的，那我先来估一估这些东西的质量。"

只见小 Y 拿起妈妈的发夹，放在掌心掂了掂，说道："我估计这个发夹大约有 20 克。"接着，她又将剩下的物品都一一进行了估计。

估完后，小 Y 将这些物品一一放在了电子秤上，称了称。

最后，小 Y 总结道："我都估多了，我觉得要想估计得准一点，可以先找一个标准来作参照。我觉得鸡蛋就可以当这个参照。一个鸡蛋大约是 50 克，这样我们就能更好地区分出 70 克和 30 克。"

视频镜头一转，小 Y 站在了体重秤边，她说道："现在，我来称一称自己的体重。我的体重是 27.6 千克，我要好好记住自己的体重，下次在估计物体质量的时候，我就可以参考自己的体重。同学们，你们觉得这个办法好不好呀？"

同学们认真地看着小 Y 的视频讲解，啧啧称赞。从此，"参照物"成了学生们的"口头禅"。

这次的实践作业，学生们的想法都很有意思。

例如，小 C 左手 1 千克棉花与右手 1 千克大米的质量比较、小 S 与妈妈情景式地讲解各种物品的质量、小 B 称完爸爸的体重后给出的建议等。学生们的积极性与能力也远远超出了我的想象。

　　这是一次学生们"主动投入"的作业，我相信这比作业的"完成"和"准确"更重要。

（魏灵娜）

心里的话儿就让表情包告诉你

（一）"狂浪是一种态度"

皓同学的作业，每次都充满了"惊喜"。字体很奔放，答案很自由，正确率很随机。

今天，我又收到了他的作业。

看他画的作业评价表情包，小圆圈早已被覆盖，小人儿拿着宝剑，酷酷地站在作业纸的右上角。这个小人儿好像在告诉我：哥就是这么有个性。

再细看他的作业，字体狂野，字越写越大，一笔一画都透露着昨天写作业的匆忙。

我把他拉过来，耐着性子说："老师给你看一份班里的优秀作业，你来评一评，她的作业是不是很棒，棒在哪里？"

皓同学的作业评价表情包一

皓同学几乎没有犹豫，回答道："字写得漂亮，基本都对了。"于是，我让他坐在我身边，重新写了一张。到底是个机灵鬼，很快领悟到了"精神"，写得很认真，字也好看多了。

我奖励他一颗巧克力，他有点意外。"这是奖励你今天的认真，希望下次你不在老师身边时，也能写得这样好。我可以期待你明天的作业吗？"他有点犹豫，但还是点了点头。

每个学生都有一颗积极向上的心，我相信没有学生喜欢做世俗眼中的"差生"。

所有的学生都会分辨，都是优秀的评委，他们分得清什么样的作业更好。只是不想做罢了，或者也是想做的，只是缺少持之以恒的耐心。

（二）"凉凉"

第二天，我带着一点期待，等待着他的作业。

打开作业本时，首先映入我眼帘的是一张巨大的哭脸，眼泪很多，密密麻麻地往下掉。用我小时候写作文的话来描述，就是：豆大的眼泪往下掉。

昨天的"狂浪"是没有了，大概是被题目打败了，心里"凉凉"。

继续往下看，这次他的字体略微工整了一些，主要是按照平时的作业要求画了横线，整体就有一种美感，整整齐齐的。但是，错误仍旧很多。有的地方涂涂改改，最后还是错了。

我再一次把他拉到身边，跟他说老师要表扬你。我问："你知道要表扬你什么吗？"他说："我写得比昨天认真。"是的，书写是进步的，值得肯定。

皓同学的作业评价表情包二

我拉着他一起订正，皓同学愁眉苦脸，眉毛都快拧到一块儿了。我摸摸他的脑袋，开始耐心地给他讲解。其实这孩子的接受能力还不错，就是自我要求完全低于平均水平。

他小时候生过一场大病。爸爸妈妈好不容易将他从死神手里抢回来，所以非常宠爱他，导致想管又下不了狠心。因此他的学习成绩一直不太稳定，常常处于坐过山车模式。

我和他一起订正完作业后，在他的哭脸边上画了一个笑脸，眉眼弯弯，咧嘴大笑。我告诉他，认真听课，下次作业你也能开心轻松地完成。

都说学习是痛并快乐着的，但谁愿意痛呢？不过是因为快乐多于痛苦，我们就选择了勇敢前进，学生们亦是如此。

面对一份让他痛苦万分的作业，学生自然很难好好地去完成。知道了学生的心思后，我们就能更好地帮助他。

（三）"作业就像被施了魔法"

大概是这段时间，我非常关注皓同学的作业，上课时也总是找些机会肯定他，所以他的学习劲儿还比较足，作业比以前"赏心悦目"多了。

昨天的课后作业很简单，一张计算纸，上面是笔算练习，要求学生按照格式计算，书写端正，争取全做对。

我答应他们，如果计算纸上面的题目全做对，就可以免去第二天的计算作业，因此同学们都很积极。

当我批到皓同学的作业时，上面是个得意的笑脸，嘴角上扬，快乐飞出 A4 纸。

皓同学的作业评价表情包三

竖式列得很漂亮，还做到了全对，作业就像被施了魔法，和前两天截然不同。看来昨天的作业写得很愉快。

但我再仔细一看，发现这份作业应该是他妈妈帮忙批改过的。因为有两题上面有打叉的印记，但我没有戳穿他。

我奖励了他，免去今天的计算纸作业，并在他的表情包边上也画了一个大大的笑脸，他开心得手舞足蹈。

看，作业全对的成就感总是让人欣喜万分，这是给学生最大的鼓励。

（四）"没那么简单"

这天，皓同学的作业又乱糟糟了。在他的作业评价表情包里，画着两条横线和一条曲线，看起来有点儿无奈。

皓同学的作业评价表情包四

一看下面，他的字又开始飘起来了。我知道跟皓同学会有一场拉锯战，提前做了心理建设，所以我又开始思考如何引导他端正写作业的态度。

我相信每个学生都有无限可能，每个学生也都有自己的发展密码，都有独一无二的成长节奏。他们或许在某一个阶段进步明显，又在下一个阶段发展缓慢。

所以，我们要多给予他们一点耐心，陪他们一起慢慢前进！

（徐冲）

冠名题里开出的一朵花

"Miss Zhao，您什么时候再给我们出冠名题的机会呀？"自从给同学们布置过冠名题后，小高同学总是在课后迫不及待地过来打听是否有好消息。

"冠名"，顾名思义就是在某种事物前面加上自己的名号。而我们的冠名题，简单来说，就是让学生们自主命题，根据自己的重难点或是易错题来设计命题。精选题目后，再冠以学生的名称，作为复习作业，用于全班甚至全年级的复习练习，以此来激发学生主动学习、自主探究、迁移创新的动力。

在初次设立冠名题时，我的内心颇为忐忑。学生们能否设计出老师想要的题目？学生们的思路是否会偏移？

在收集完题目后，我仔细翻阅，发现其中既有意料之中的题型，又有意料之外的惊喜。

"哇，小 Z 同学的这份阅读题很有特色。"同年段的花花老师开心地说道，"这可不是一份普通的阅读题，不是简单地让学生通过读文章，来进行句子的判断，而是让学生在阅读文章后，根据自己的理解画出文章所描述的秋日场景。"

我仔细一看，发现它的确与众不同。一般的阅读题，都是根据关键的句子判读对错，但学生们常常遗漏重点，或是没有耐心通读全文。而小 Z 同学的作业设计巧妙地弥补了不足，让同学们可以有趣、有序、耐心地读文章、抓重点。

从学生们一幅幅美丽的秋日作品中，我感受到了他们对文章的理解以及对知识的掌握。

这样的题目，在提高学生做题兴趣的同时，也能帮助他们深入理解文本内容，并帮助他们巩固语言知识。

所以，从学生的视角出发，总是能让思维开出创意的花朵。毕竟经过深入思考的题才是好题。

"Miss Zhao，你看小 S 的这幅画，融入了好多字母呀！"

小 S 的字母乐园图

"是呀，你找到几个了呢？"

一年级的学生在认识字母时，总是会出现各式各样的错误。

因此，在布置一年级的冠名题时，我把权利交给学生，来了一场"我的字母秀"。

学生们通过整理自己平时易错的字母题，找出自己的字母小怪兽，设计趣味字母秀，各尽所长，各显神通。

小S同学设计了一个字母乐园，让字母怪兽藏身于乐园之中，请同学们去寻找。这种形式不仅为题目增添了不少色彩与乐趣，也帮助其他学生拓宽了思路，因此小S同学设计的题目最终入选了班级冠名题。

当然，选入的题目也需要一定的改编和审核。

我拿着小S的题目问道："同学们，小S同学的这道题非常精美有趣，受到大家的喜欢，我们能不能再优化一下呢？"

小T说道："我认为可以在图中用上26个字母，变成一幅迷宫图，这样不仅可以看，而且可以玩。"

小K说道："我认为可以不用画完26个字母，但可以增加一小题。找出字母后，在四线格上写出它的大小写形式。"

小K的意见受到同学们的一致好评。虽然这也是平时见过的题型，却很好地补充了小S的题型。

在这个过程中，学生们敢于直面自己的问题，举一反三，乐于思考与探究。

经过这一次的讨论，学生们在第二次的冠名题中，更乐于去突破自己，去思考，去探究，避开了第一次冠名题中设计的一些较为死板的题型，开出了趣味的花朵。毕竟主动探究的题才是好题！

（赵越华夏）

吹不破的牛皮

照例又是一堂新的数学课，我提前几分钟进教室做课前准备。刚踏进教室门，便听到后排传来阵阵争论声。

学生们围坐一圈，正争论不休着，只听到"鸡蛋""面积""没办法啊"等话语。我凑上去一探究竟。

一见到我，邬同学像是抓住了救命稻草似的，一把抓住我的胳膊。他得意扬扬地炫耀："项老师，正好你来了。刘同学吹牛，说他可以求出任何图形的面积。没想到被我一下子就考倒了。牛皮吹破了！"

他的话语中带着一丝轻蔑、一些傲娇。我望向不知所措、愁眉苦脸的刘同学。刘同学有些无助地望着我，那渴求的眼神瞬间触动了我的心弦。

"不能打击刘同学对数学的信心啊！"我的第一反应就是得圆一下这个场。

"项老师，他耍赖，我们求的面积都是画在纸上的。他让我求一个鸡蛋表面的面积，这根本没法求啊！这个问题无效！"

听了刘同学的控诉，我不禁感叹："邬同学真会提问，把课本知识应用到生活中去了。连我们的学霸刘同学都无法解决，其他同学能想到办法吗？"

同学们纷纷摇头："不会，不会啊！"

"大家不妨试试，一起来挑战！"我呼吁着。

于是，我决定这周的周末作业就是它了：吹不破的牛皮——智求鸡蛋表面积。请同学们想办法测量出一个鸡蛋的表面积，把自己的方法用文字记录下来，或者拍成视频。

下周一，一场别开生面的"吹不破的牛皮"金点子发布会如期举行。

嘉宁同学说："我先把这个鸡蛋打破，倒出里面的蛋黄和蛋清，只留下蛋壳。接着把蛋壳压碎，铺在 1 厘米 × 1 厘米的方格纸上。我数了数，大约有 63 格。我的这个鸡蛋的表面积就是 63 平方厘米。"

"我先用一块布把鸡蛋紧紧地包住，用剪刀把多余的布都剪掉。接着把布打开，在 1 厘米 × 1 厘米的方格纸上铺平，再用铅笔沿着布的边线描一圈。我一数，这块布的面积大约是 76 平方厘米，这个大小就是鸡蛋的表面积了。"紫菡同学说。

"我先在鸡蛋外面涂上一层厚厚的颜料。然后用 1 厘米 × 1 厘米的方格纸把鸡蛋紧紧地包裹起来。接着我把纸打开，求鸡蛋壳的表面积就转化成了数方格纸上有几个格子涂了颜料。"诺诺同学说，"我轻轻松松就数出来了，大约是 51 平方厘米。"

台上的学生自信大方地展示着自己的奇思妙想，台下的学生发自内心地回报以热烈的掌声。

台下的同学一边欣赏着台上同学的好方法，一边思考，时不时还能提出一些自己的疑惑，给出一些建议。

我表扬学生："你们可真棒啊，方法一个比一个巧妙。那么，这些方法有什么共同点吗？"

课堂上安静了几十秒后，钱同学举起了手："我发现，同学们都把立体的鸡蛋壳变成了平面的图形，然后利用方格纸，数出占的格子数，计算鸡蛋的表面积。"

邬同学举高了手："这个跟我们以前计算硬币周长的方法很像，叫作化曲为直。"

刘同学的眼睛瞬间亮了，嘴角一扬说："项老师，我现在可以不吹牛地说，我能求出任何图形的面积。不信，你可以考考我。"

我故作惊讶，大声地问："真的吗？我把这个提问的机会让给同学们。"

只见班里的学生都高高举起了小手。有学生得意扬扬地提出求苹果的表面积，马上就有学生给出了解决方案。还有的学生觉得求茶杯的表面积更难，没想到也被另一个学生轻轻松松地解决了。甚至还有学生夸张地提出："那你们会求地球的表面积吗？"

看着这一幕，我不禁想起了阿基米德的名言："给我一个支点，我能撬动整个地球。"

是啊，通过这次由"吹牛皮"引发的作业，我们可以看到学生已经能把在日常生活中遇到的问题通过数学思想方法化曲为直转化成书本上经常解决的数学问题了。他们真正做到了用数学思维来思考问题，做到了举一反三。

相信通过这一次的作业和分享，刘同学的牛皮再也吹不破了。

（项秀芳）

从"助力码"到"我"来码

收款码、取件码、条形码、乘车码等"码"似乎成为我们现代生活中有趣的元素。

那一年，小小的"助力码"闯入了我与学生的学习生活，这看似不起眼的"小家伙"内含玄机，蕴藏着可无限探索的空间。

它让倾听、表达走进学生的世界，让学生的专注力与思维力在听力中得到了高效的训练。

（一）"码"上与你相约

第一次尝试"助力码"后，我向班级同学了解体验后的感受。

小美同学用稚嫩的语气和我说："张老师，这个'码'真有意思，扫进去里面有好看的图片，有好听的声音，我听得可认真了。"

我欣慰地摸了摸她的头，向她竖起了大拇指。

小励同学扑闪着大眼睛对我说："张老师，这个真好玩，就像英语听力一样，我都不敢开小差了，生怕漏掉哪句话。"

我开玩笑地对他说："看来，小励昨天是'非一般'地认真哦！"

从此，大家对这个小小的"助力码"多了几分好奇，多了几分期待。因为这小小的"助力码"，爸爸妈妈的口中又多了几分肯定与赞许。

（二）"码"上与你相伴

随着学生渐渐长大，他们的需求也不一样了，我们又在小小的"助

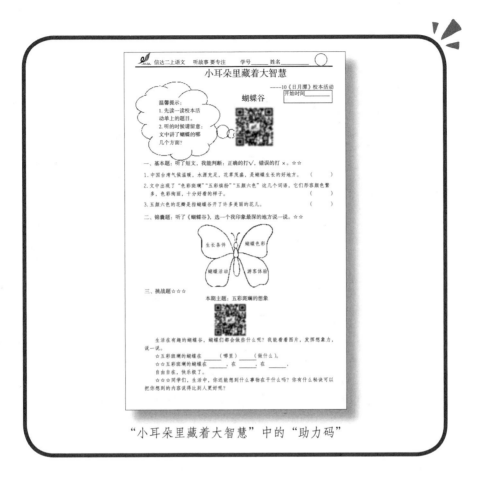

"小耳朵里藏着大智慧"中的"助力码"

力码"中注入了新的元素。

"助力码"时而化身为一位授之以渔的良师，帮助学生答疑解惑；时而化身为一位学识渊博的学长，为学生开启新天地的大门。

我依稀记得，那天上课，当小组成员合作接力讲故事时，我惊喜地发现，一向不太擅长表达的小文同学，讲故事时思路清晰、神采飞扬，得到大家的连连称赞。

当小组代表向其他同学分享经验时，组长小王神神秘秘地说："我们上次讲故事讲得不好，越讲越乱，后来看了'助力码'里有关讲故事的视频，学到了很多方法。"

阅读选段，回答问题。

　　今天是鼠妈妈的生日，鼠老大、鼠老二和鼠老三决定给妈妈一个惊喜。他们好不容易凑起了一小把硬币，来到了商店，鼠老大说："我们要买个最好吃的蛋糕。"售货员数了数硬币，说："钱不够啊，不过可以卖给你们一张大饼。"好心的售货员给了他们一张挺不错的大饼。

　　三只小老鼠（　　）地回了家。鼠老大拍拍脑袋说："我们想办法把大饼变成蛋糕！""怎么变？怎么变？"鼠老二、鼠老三瞪圆了小眼睛。

　　鼠老大拿出自己一直舍不得吃的奶糖，融化开，浇在大饼上。鼠老二想了想，拿来一大片红肠，（　　）地放在大饼上。鼠老三采来一把五彩缤纷的野花，一朵朵摆在大饼上。

　　哎呀，看不出这是一张大饼啦！三只小老鼠非常满意，轻轻推开妈妈的门，三只小老鼠齐声唱起来："祝你生日快乐……"

　　"哟，哪儿来的蛋糕呀？"鼠妈妈惊奇地问。"我们做的！"鼠老大说。"快尝尝吧！快尝尝吧！"鼠老二、鼠老三（　　）地说。鼠妈妈轻轻地咬了一口，鼠妈妈（　　）地笑起来，她一下子就明白了："哦，真好！真好！这是我吃过的最好吃的蛋糕！"三只小老鼠听了，也开心地笑起来。

大饼是怎么变成蛋糕的？补充完整示意图，扫码听一听，再借助图讲讲故事。

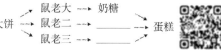

进化后的"助力码"

　　我满心期待的画面终于出现了，看来小小的"助力码"果然名副其实！

（三）"码"上与你相长

　　还记得上次语文口语交际课，小丁同学的发言赢得了全班同学不约而同的掌声。有同学提议："这么好的想法应该让更多人知道，我们可以把小丁的发言做成'助力码'，让更多同学知道。"

　　这个同学的提议很快得到了我和学生们的一致认可，我们马上将小丁的发言拍成了视频，做成"助力码"，分享给了整个年级的学生。

　　此后，只要碰到学生有好的想法，我们都会把它拍下来，做成"助力码"，分享给全年级乃至全校的学生。

　　有一期视频，我们分享了张同学的想法。我还记张同学看到我兴奋

"小耳朵里藏着大智慧"：信达小孺本领大，扫码听210班杨瑾同学报年夜饭菜名儿，并填一填：

我听到杨瑾报了这几道菜 ＿＿＿＿＿＿＿＿＿＿（至少写出两种）。

我还听到了这几种烹饪方法＿＿＿＿＿＿＿＿＿（至少写出三种）。

由"助力码"到"我"来码

地说："周末，我在上兴趣班时，有个我不认识的同学叫住了我，我当时一脸蒙。后来我才知道，他是在视频中看到过我，认出了我。"

他脸上洋溢着灿烂的笑容，这是收获成功后的喜悦，还有什么比这更美的风景吗？

小小的"助力码"为学生们搭建起展示的平台，越来越多的同学参与到"助力码"的展示中，他们在"码"上"火"了起来。

从"我"来听到"我"来学，从"助力码"到"我"来码，学生由被动到主动，由接受到创造，小小的二维码带来了一场学生自主学习方式的华丽转变！

教育学家陶行知曾说过："处处是创造之地，天天是创造之时，人人是创造之人！"

（张美娜）

上学路上的色彩

（一）"眼中"的渐变色

"看！一片渐变色的树叶！"

我的脚刚踏进班级，一片红橙色的树叶突然蹿到了我的眼前。随后，我的耳边传来了熙熙银铃般的笑声。

"哈哈哈，这是我的幸运之叶哦。"

距离太近，熙熙又不停地摇晃着"幸运之叶"，我压根儿看不清它的样子。于是，我从她的手中"夺"过了树叶，将其放在眼前，仔细地观察了起来。

"好独特的树叶呀，你在哪里发现的？"

熙熙开心地回答道："今天早上，我走路来上学时，在公园的草丛里突然发现了它。你看，它的颜色特别丰富，有橙色、黄色，还有点黄绿色。"

"这是渐变色，昨天美术课上刚学过！"玲玲在一旁抢答道。

"哇，是啊！它是由黄色渐变成红色的，好神奇呀。明天我也走路来上学，找找路边还有没有更独特的树叶。"小惟在一旁回应道。

"让一让，让一让，渐变色的树叶在哪儿呢？我看看，我看看。"

一大群好奇宝宝蜂拥而上，七嘴八舌地说着、看着、赞赏着，更有甚者想"抢"去，独自观赏这片"渐变色"树叶。

二年级"走路去上学"项目化实践作业已经开展3天了，每天到校，学生们的兴奋点各有不同。

课间，他们会和小伙伴们叽叽喳喳地讨论上学路上的趣事，一起分享上学路上的所见所闻。

课堂上，他们会踊跃举手发言，分享自己鼻中闻到的桂花香、树叶香，眼中看到的独特形状、自然色彩，耳中听见的鸟鸣声、流水声。

这一幕幕争先恐后的画面，到处都凸显着学生们对这份作业的满意度。

在我身边，学生们还在争着目睹这片"渐变色"树叶的美。

看着这热闹的场景，我不禁感叹道："原来，走路上学也可以成为一种学习方式。"

（二）"脚上"的自然色

"黄色属于暖色调，也是三原色之一。"

课堂上，我正在声情并茂地给学生们讲三原色的知识。突然，一个声音打断了我。

"老师，我的鞋子上就有黄色，是土黄色，这是属于大自然的色彩，根本就不用调配。"

原本安静的班级，突然像沸腾的开水般炸开了锅，叽叽喳喳的议论声此起彼伏。

"小杭，你鞋上的土黄色是什么物体的颜色？"出其不意的反问，让小杭呆住了。

"是泥土的颜色。"热心肠的小惟举手回答道。

"原来是大自然的颜色，你是在什么地方发现的？"我盯着小杭追问道。

"今天走路来上学，我经过花丛时，不小心踩到了花坛里，泥土就沾到我的白鞋上了。"小杭抬起头，认真地回答道。

"哦，原来是意外发现。其他同学呢？你们在走路上学的途中，有什么意外发现吗？"我追问道。

小野说："老师，我今天上学太匆忙了，明天看还来得及吗？"

我答道："来得及呀，只要想做，什么时候都不晚。走，我们现在就去水景公园观察大自然的色彩。"

"哇！"在一片欢呼雀跃中，我带着兴奋的学生们来到了水景公园。

通过走走看看，学生们发现了路牌的亮眼绿、栏杆的沉稳灰、电箱的水泥灰、座椅的雅致红、树叶的多彩色、池塘的深沉蓝、云朵的纯净白等大自然的色彩。

"同学们，你们有什么新的发现吗？"我提问道。

"我发现了树的秘密。树的果实的外皮是黄褐色的，但是踩破后，流出的汁液是红紫色的。"

"我发现了减速带的秘密。减速带是由有坡度的条状组合起来的，颜色是黄黑相间。"

"我发现了人行道地砖的秘密。人行道地砖是横着平铺的，是黄灰色的。中间竖着平铺的是盲道，是黑灰色的。"

分享在继续，教学也还在继续，但加入了丰富多彩的自然色，让原本普通的美术课变得更加生动有趣了。

原来，"走路去上学"不仅是一种学习方式，还是一种教学方式。虽然"走路去上学"项目化作业只持续了一周，但是我们的教与学一直行走在路上。

（邹林宏）

小耳朵里藏着大智慧

"马老师，一年级每天没有笔头作业，这怎么巩固孩子的知识，光读读课文、认认生字够用吗？"

低龄段学生的家长常有类似的担忧，有的家长会私信我，有的家长会在备忘录上留言，有的家长虽然没说，但看他们准备的全套教辅资料，就知道他们也在为孩子的学习焦虑。

对于这样的疑问，"小耳朵里藏着大智慧"学习单诞生了。学生们可以通过扫码看视频、听音频等方式巩固当天所学内容，在互动中积极表达、主动学习。

(一) 和"小耳朵"的互动

自"小耳朵里藏着大智慧"学习单使用以来，家长们就经常听到这样的话："妈妈，妈妈，给我扫一下二维码！我要看'小耳朵里藏着大智慧'。"

随着微信扫描成功的提示音，一个小视频播放起来，甜甜的声音吸引了孩子们的注意："信达小孺们，你们好，小耳朵里藏着大智慧，今天我们学习王维的古诗《画》。"

小 A 早就能把这首诗背下来了，但他读起来总是像背着武器上战场一般，拼命往前冲，不自觉地加速，少了读古诗的韵味。

"小朋友，听完了'小耳朵'的诵读，你能伴着音乐，看着画面，和我一起读准确、读流利吗？赶紧试一试。"听着导语，看着美丽的画面，小 A 不自觉地把语速放慢了。

"哇，古诗这样读真好听，是要这样读。"小 A 妈妈在一旁忍不住夸奖他，屏幕中也出现了打分：三颗星。

"妈妈，妈妈，我那么快就能读到三颗星啦!""宝贝，你和'小耳朵'一起读得很好呢! 赶紧看看后面的小活动，好像可以选你最喜欢的去完成。"

听妈妈说能选一个最喜欢的，小 A 的脸上立马露出了认真的神色。

活动 A：请你跟着音乐，想象刚刚的画面，把这首诗背给身边的人听。

活动 B：这首诗的谜底是什么？考考你的家人，并解释清楚"为什么"。

和"小耳朵"的互动活动

"妈妈，我可以全部都选吗?"面对屏幕上的活动，小 A 跃跃欲试。

"当然可以，果然是能干的小朋友啊，开始你的背诵吧，我可太期待了!"随后，妈妈就如愿以偿地听到了一首放慢语速、抑扬顿挫的古诗《画》。

看到孩子们兴趣十足、主动学习的样子，家长们也不再那样焦虑了。

虽然书面化作业是课后作业的一种基本形式，但在各种各样的活动及互动中，小学生也能集中注意力，巩固课堂知识，发展表达、诵读、仿说等语文能力。

（二）我也是"小耳朵"

"黄山除了古怪的石头，还有三种景物也令人叫绝，它们一同被称为'黄山四绝'，你们知道另外三种景物是什么吗?"

看着底下那一双双好奇的小眼睛，我忍不住卖起了关子："这些内容啊，就藏在今天的"小耳朵里藏着大智慧"学习单里。回家后，赶紧叫爸爸妈妈帮你扫一扫，完成今天的'基本题'和'锦囊题'。"

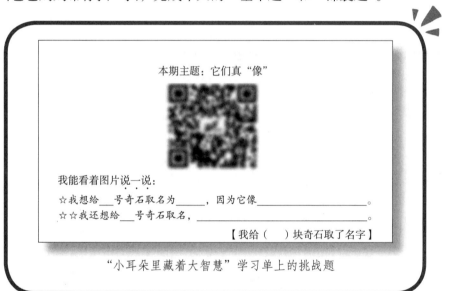

本期主题：它们真"像"

我能看着图片说一说：
☆我想给___号奇石取名为_____，因为它像_____。
☆☆我还想给___号奇石取名，_____。

【我给（　　）块奇石取了名字】

"小耳朵里藏着大智慧"学习单上的挑战题

回家后，学生们作为小小讲解员，学着课文里的样子，选了一块石头进行介绍。

当天晚上，一个接着一个的二维码发到了班级微信群里，这些二维码里是学生录的视频作业。有些家长还和孩子一起看同学的作品，时不时发出称赞。

此时，一份份作业变成一件件作品。没错，学生通过二维码平台也可以拥有自己的二维码，一起成为传播知识的"小耳朵"。

"眼睛看，耳朵听，我们一起动脑筋。"

在学习的道路上，学生们一定会遇到各种作业，但对于低龄段的信达小孺而言，文件袋里装着的不是作业，而是一位亦师亦友的学习伙伴。

这位学习伙伴为大家提供了学习平台，领着初入小学的学生们及时复习、拓宽视野、锻炼能力。

它给学生们留下了作业的初印象：哦，原来作业是这样有趣！

作业方式改变了，作业途径丰富了。通过这样的方式，学生在这一过程中爱上作业、爱上学习，这就是"小耳朵"里藏着的"大智慧"。

（马伊诺）

"小拖拉"的变身记

每个班级中总有几个"小拖拉"，他们常常在作业上花费很多时间，看着他们磨蹭，老师急，家长急，孩子也急。不过"小拖拉"也会有翻身的一天。

（一）我的时间我做主

"慢"是贴在小 Q 身上的标签。小 Q 家长常向我反映，孩子在家做作业要花好长时间。

对小 Q 的"慢动作"，我和小 Q 家长已经不止一次进行过"专家会诊"，该诊断的都诊断了。可是不管我们如何苦口婆心，小 Q 的动作慢问题还是悬而未决。

有一次家访，孩子妈妈的一句话引起了我的注意。她说："每天他的作业我都会检查，让他修改，可是他还嫌我烦。"

看似一句无意的抱怨，却引发了我的反思：学生是作业的主人。完成作业后，还要花同等甚至更多的时间检查修改一遍，那得有多大的压力呀。

怪不得小 Q 做作业这么拖拉呢，原来他的作业时间他做不了主啊！

于是，我转头问小 Q："你想让妈妈检查作业吗？"小 Q 想了想，摇摇头。

我想，学生是作业的主人，学生更是时间的主人。于是，我跟他妈妈商量了一下，先解决"慢"的问题。暂时不检查作业，不要求孩子在家订正作业。

"小 Q，每天给你 2 个小时的自由安排时间，怎么样？"

"不过这 2 个小时包含了完成作业的时间，剩下的都是你的自由时间。"

夺回了时间自主权，小 Q 显得兴奋又主动。当晚，他就开始筹划每天的作业时间：数学作业在学校里抓紧时间做，英语作业回家立刻完成，语文作业吃完饭就开始做。

只要完成作业，剩余的时间就可以给自己放松了。那时，他迷上了弹吉他。对这个作业计划，他信心满满，十分期待。

每天他都坚持计时，我也关注着他的写作业时间。他填在作业单计时器上的时间有时长、有时短，但每一次，他的时间都掌握在自己手中。

有一次，我看到计时器上的作业时间竟然有 45 分钟，心中不由得又为他感到担心。

我找来小 Q 问道："妈妈又检查作业了？昨天的语文作业不多呀，你为什么做了这么久？"

他轻松地答道："我看昨天作业少，口头作业多做了一遍，所以时间长了点。"听了他的话，我开心地笑了，原来给孩子主动权，他能安排得很好呀！

时间就这样慢慢过去，小 Q 妈妈说："小 Q 的速度快起来了，在家做作业花的时间少了，晚上还有时间可以练练琴呢。"

老师和父母都欣喜万分。看来，只要把时间的主动权交还给孩子，孩子就会交还给我们一个惊喜。

（二）我的进步看得到

小 W 很好学，就是写作业的速度不快。为了让她能早点完成作业，她妈妈费尽了心思：送来学校上晚自习，接回家亲自监督，单独放在房间里让她自己管理等。各种方法都用上了，但效果很一般。怎么办呢？

有了小 Q 的成功经验，我们决定让 A4 作业纸上的计时器继续发挥作用。

于是，我让小 W 每天坚持作业计时。

每一次的作业，我都会翻阅学生们的计时器，打个五角星表扬速度快的，画个大拇指鼓励有进步的，打个小问号提醒用时长的。

小 W 的计时器上常常会有个小问号，我不禁担忧：计时器怎么没有用呢？

思来想去，每个学生都有每个学生的特点，一个人不行，那就来个团体赛吧。

我找来小 W，跟她说："你的周围可有好几个速度之神呢，你可以去请教他们做作业速度快的秘诀。不要害怕，试一试和他们比赛做作业！"

小 W 欣然答应了。果然，慢慢地，她的计时器上出现大拇指的次数多了起来，有时候甚至还会有五角星呢。

我找来小 W，请她与我分享速度变快的经验。

小 W 说："我每天都会比一比作业时间，大部分时间我和自己比，看看是不是比昨天进步了。我还会和同桌比，如果同桌用时比我少，那我就会向他学习，继续努力。"

听了她的话，我忍不住夸奖了她。谈话结束前，小 W 还不忘补上一句："老师，除了比时间，我们也比谁的错误少。"

为此，我感到很欣慰。

时间到了下半学期。一次，我看到小 W 妈妈在班级备忘录上留言："孩子写作业的速度变快了，基本上能在晚自习里完成作业，这样回家就可以多阅读了。"

看到这条留言，我真高兴呀。

A4 作业纸上的计时器就是一条短短的横线，它没有特殊的魔法，但小小的计时器能让学生掌握学习主动权。

让学生看到每一次的进步，它就会起作用。主动权、成就感才是驱动学生向前的最佳动力呀！

（杨烨嘉）

小游戏，大智慧

下课铃声响起，学生们像脱缰的野马般飞奔到走廊，这是自由在召唤着他们。

"你来抓我，我来跑！"小 F 同学说完就一溜烟跑走了。

"看我不逮住你！"小 D 同学以百米冲刺的速度追去。

"砰……"

"老师！不好了，小 F 和小 D 追逐打闹，撞到了隔壁班的同学，他们都受伤了！"

我马上赶到现场，查看受伤情况，安抚隔壁班同学，教育引导班里的学生，与家长及时沟通。

处理完一系列事情，我意识到学生们喜欢追逐打闹，这一天性可能会带来经常性的冲突，那么该如何化解呢？

于是，让学生们自己设计游戏的想法萌生了。

（一）我们的游戏

"同学们，马上到'五一'假期了，这次的实践作业，要不我们就来设计一款课间游戏吧！你想设计什么样的游戏呢？"

道法课上，我试图通过引导，让学生们尝试在假期设计一款适合大家在课间玩的游戏。

学生们一听到这个话题，就激动起来了。

"我觉得桌游很有意思，我要进行改编，设计一款汉字桌游。这样在玩游戏的时候，还能学知识呢！”

“我想设计运动方面的游戏，可以出出汗，锻炼身体，一举两得！”

“不过，还有个小挑战，假如你们能把我们平时学到的学科知识融合进去，就更棒了！”我故作神秘地说。

这时，我发现了眉头紧锁的小C同学。我问道：“你怎么愁眉苦脸的？”

“这样的作业对我来说好难，我还是喜欢做平时的作业。”小C噘着嘴，嘟囔道。

难？是啊，如果只是让学生们去设计一款课间游戏，确实范围太大，对二年级学生来说有点无从下手。于是，“小小游戏设计师”综合项目化作业单诞生啦！

在这张信达综合项目化作业单上，学生们可以从熟悉的课外书《愿望的实现》入手，先对自己想设计的游戏有初步的设想，再通过小组讨论、合作等形式制定游戏细则，最后自主参与评价。

（二）我们一起做

“又有项目化作业啦，小W，我们又可以一起组队完成任务了！”

“我们要设计这样的游戏……这样的游戏既安全又有趣。”

“我负责设计草图，你负责准备材料吧！”

还没等我说分组的事，学生们就心领神会地和伙伴互动起来了。

当我一一记录下哪几个同学为一组时，发现小Z同学没有找到队友。他正低头不语，显得那么不合群。

小Z同学是班里比较拖拉的一个学生，平时和同学相处也是纠纷不断。我心里也大概猜到是怎么回事了。

"嗯……小 Z 同学还没有组队，其实啊，我早就跟他说过了，让他把这个机会留给我，老师想和他一起组队，设计一个游戏呢！"我故作高深地和学生们说道。

同学们一脸诧异地看着我。

"你们可不知道，小 Z 的想法可多啦，而且很有创意！"这时，我看到小 Z 脸上慢慢出现了自信，头也渐渐抬了起来。

"赵老师，我们组想让他加入，可以吗？"活跃的小 W 同学满脸期待地说。

"当然可以！小 Z，你愿意吗？"

小 Z 眼里的光一下子亮了起来，不住地点头。

在学生们完成作业的过程中，我收到了许多过程性的照片和视频。当看到小 Z 组时，我看到了他和组员们和谐交谈时的淡然，大胆发表看法时的自信，认真设计草图时的专注，不禁感到很欣慰。

通过他们的合作，一款名叫"小孺冲冲冲"的游戏诞生了。据说小 Z 为这个游戏提供了很好的思路。

（三）我们一起玩

游戏展示会上，各个小组神采奕奕地上台，展示组内设计的游戏。"小孺冲冲冲""对古诗立定跳远""背部传字""翻翻乐"等，一个个新颖有趣的游戏精彩亮相。

经过大家的投票，最后"小孺冲冲冲"获得了一致好评。它融入了体育、语文、数学 3 门学科知识，既锻炼了学生们的体能，又巩固了相关学科知识。

下课铃声一响，不少同学纷纷组队，在走廊上玩起了"小孺冲冲冲"。

"开始！"

"等我一下呀！"

"你输了，你来背一下《望庐山瀑布》吧！"

"日照香炉生紫烟，遥看瀑布挂前川……"

"我给你出道数学题，24除以4再加8等于多少？"

学生们的课间生活变丰富了，这边在玩"背部传字"，那边在玩"对古诗立定跳远"，就连喜欢奔跑的同学，也能尽情地投入自己设计的课间游戏中。

课间的走廊里，是学生们的欢声笑语，是自主，是合作，是融合。它将伴随着学生们，面向未来，走向更美的诗和远方。

（赵慧婷）

第五章

一份提案：让孩子真正发声

"我想，我敢，我行"是少先队提案的初心和意义。小孺们想他所想，畅所欲言，让"孺见"的种子落地生根；大孺们敢他所敢，积极创新教学模式，让"孺见"的智慧瓜熟蒂落；家长们行他所行，家校共建，让"孺见"的精彩遍布成长的旅途。

一份份提案，把"主人翁"的精神真正落实到学习、生活中。民主、法治、责任意识在赋予少先队员们使命感的同时，更令他们在提案的过程中，收获了独属于自己的荣耀和高光时刻。

"一份提案"，激发孩子的民主意识

"孺见"，以孩子的眼光，凭孩子的智慧，学习认识世界。一直以来，信达践行"向阳向上，见己见人"的教育理念，立基"孺见"，以人为本，立德树人。

少先队提案是小孺们民主意识的体现，他们从自身角度出发，细心观察，发现问题，形成提案。这些提案也蕴藏着小孺们对学校的关注和思考。

"我想，我敢，我行"是少先队提案的初心和意义。小孺们想他所想，畅所欲言，让"孺见"的种子落地生根；大孺们敢他所敢，积极创新教学模式，让"孺见"的智慧果熟蒂落；家长们行他所行，家校共建，让"孺见"的精彩遍布成长的旅途。

"兼听则明，偏听则暗。"每一个声音都值得被听见，每一份提案都值得被看见。

"童孙未解供耕织，也傍桑阴学种瓜。"因为小孺们的提议，我们在校园一角开辟了劳动基地，让小孺们在学习之余体会劳动的快乐，品尝亲手栽种的蔬果。

"读万卷书，行万里路。"小孺们提出"无作业周"的建议，充分发挥自己的主人翁意识。与自然亲密接触，与爱好深度共舞，脚步不停顿，探索无穷期。

"个性与你做伴，美丽与你同行。"小孺们提出"自由着装日"的建议，既尊重规则，展现昂扬向上的精神，又活泼生动，穿出属于自己的特色，形成了一道校园新的亮丽风景线。

"书中自有颜如玉，书中自有黄金屋。"小孺们提出共建图书长廊，于是便有了如今的信达晓风书屋。小孺们不仅可以自由遨游在阅读的海洋里，还可以和父母享受难得的亲子时光。

一份份红领巾提案，凝聚热爱，激发责任，展现担当，更激发了小孺们追求向上的创新精神。

小小提案，并不普通！这一份份提案帮助小孺们把主人翁精神真正落实到学习、生活中，帮助他们树立起正确的理想信念、价值观念、道德观念。

小孺们不仅能切身感受到提案给自己的学习与生活带来的变化和影响，更在提案的过程中，收获独属于自己的荣耀和高光时刻。

一份份小小的提案，帮助小孺们从小事做起，扣好人生的第一粒扣子，以实际行动为胸前的红领巾增光添彩！

"少年强，则国强。"我们相信，在小孺、大孺、家长的共同努力下，一份又一份的提案，将构建一个有温度的信达。未来，拥有"孺见"智慧的小孺们也必定会为祖国的繁荣强盛增添无限可能！

（鲁易）

"发声练习"：我想，我敢，我行

我们想看到的学生是这样的：能沉浸"想他所想"，能挑战"敢他所敢"，能自信"行他所行"。或许，这就是少代会的意义，也是教育的意义。

（一）我想：有尝试就有所作为

"校长，校园里可以设置跑道规则吗？"

"有尝试就有所作为。"

第一次参与学校少代会提案，三年级的学生们是好奇的、兴奋的，但也有部分学生是没有想法、参与感弱的。

从"我没有想法，不想提案"的无意识参与到"我的少代会提案被采纳了"的兴高采烈，从"我不想"到"我想"的自我意识觉醒，总需要经历一个过程。

周五，小 S 同学垂头丧气，不太开心。

见状，我上前调侃道："'无作业周末'还有人不高兴呀！"

"陈老师，不是无作业，有一份提案单让我提建议，我不会，想不出，也不想去想。"

"你喜欢信达每个月一次的'无作业周末'吗？"

"喜欢。"小 S 双眼放光。

"你喜欢信达的 A4 大小的作业纸吗？"

"当然喜欢，我朋友的作业都是 A3 一大张的！"小 S 逐渐兴奋起来。

"这些都是别的同学向少先队提案，学校采纳后执行的呢。提案很有用！你不想为同学们谋求一点福利吗？"

"要！我要的，商贸节每学期一次！学校小超市来一个！再来个作业自己布置周吧。"

"哈哈，这周无作业，你且慢慢想。"

后来，小S关于希望学校制定跑道规则的提案被学校正式启用。

从那之后，"我是这样想的""我同意你的看法，但我还有补充"成了她的口头禅。

（二）我敢：高情商式建议

"老师，数学课可以加入我的讲题展示吗？"

"'拿出胆量来！'那一声吼是一切成功之母。"

成为数学老师的第二年，一种无措感包裹着我。除了日常教学研修外，我总觉得应该多听听学生们的声音，看看他们对数学课、对我有哪些想法。

说干就干，一场"数学课提案会"开始了。最终，38份有关数学课的提案扑面而来。

除了部分让我嘴咧到后槽牙，有点沾沾自喜的夸奖外，更多的是对我的建议，对数学课的要求。有些提案更是令我印象深刻。

"陈老师，你讲课能再慢一点就好了，我其实很喜欢、很想要听懂数学知识！"——高情商式建议，让我欣然接受，默默地改进。

"陈老师，要是数学课能像语文课那样多讲点故事就好了。"——对比式建议，还给我提供了修改的参考方向。

"我想每次数学课都能至少回答一次问题。"——自荐式建议，满满的出镜欲必须满足。

"数学课提案会"后，学生们似乎更敢也更愿意给我提建议了。提案式沟通成了我们之间一种特殊的交流方式。

最近的一次提案是："数学课可以加入我的讲题展示吗？"这是一份对课堂教学方式提出改革的提案，这学期我们一起来试试！

（三）我行：也许你就是下一个牛顿

"陈老师，拓展课竞赛班我还可以再试试吗？"

"孩子的名字叫'今天'，教育的名字也叫'今天'。今天我们赏识孩子，孩子今天就成功。"

这学期学校给学生们提供了国旗下讲话的机会，我们班的小M，平时表达能力很不错，但她没有报名，我有点奇怪，忍不住去问了她。

她耷拉着头，小声说道："陈老师，以前学校的讲故事比赛我都没选上，这次我肯定也不行。"

听她这样不自信，我立马夸张地瞪大了眼睛："怎么会！一年级听你讲上学路上的故事，我至今都还记得。说实话，我虽然是你老师，但我讲得还不如你那么流畅呢！"

"真的吗？"她低着的头抬了起来。

"当然！这次国旗下讲话你一定要去试试！你肯定行！"我继续鼓励道。

"好，陈老师，我报名！"她的声音洪亮了起来。这一瞬间我笃定："她肯定行。"

有了这次经历后，她越发自信了起来。

暑假视频电话时，她大胆争取："陈老师，暑假我自己练习了很多竞赛题，你能再给我一次机会考拓展课竞赛班吗？"

这个"后门"必须开！于是，我答应道："开学了你再来试试！"

孩子，天马行空一点没事，你想的总会实现；孩子，敢作敢为一点挺好，你也会是第一个吃螃蟹的人；孩子，我行我素一点没关系，也许你就是下一个牛顿。

（陈思）

设计说明：
尺子、铅笔代表着数学节的主题，翅膀以及字代表对数学的热爱。

用心倾听孩子的心声

10月13日，对于成人来说，可能已经淡忘了这是一个什么日子。但对于信达的学生来说，这一天不仅是少先队建队日，还是一个可以发出"声音"的日子。

"看！这是我的提案，被采纳了哦！""让我来找找小高的提案。""哇！每个月的自由着装日也太棒了！"

每一年的10月13日后，都会有这样的场景。那几日，我时常能听到这样的声音。

第二节课下课铃声响了，小孟同学走到我身边，兴奋地问："李老师，你知道今年我为我们中队提了什么提案吗？"

"是什么呀？李老师猜不到，快跟我说说。"

"我们几个同学商量了一下，跟爸爸妈妈也讨论过了，我们的提案是设立'无作业日'。大家可以合理规划时间，接触自然，了解社会，还可以做公益活动，履行小公民的职责。李老师，我们的想法怎么样？真希望学校可以通过。"小孟充满期待地说。

"人小鬼大，这个提案好特别，李老师欣赏你们，你们行使了少先队员的权利，预祝你们顺利通过！"我摸了摸他的头笑着说。

其实我心里有一丝担忧，要想通过这个提案其实挺难的，需要全体老师的同意。

在这种充满期盼和好奇的氛围下，少代会开始了。

郑校长对学生们的提案进行了——答复，队员们都伸长脖子，期待这份"无作业日"的提案能通过。

只剩最后一个提案没宣布了，只见郑校长略带神秘地笑了笑，说："经学校讨论，401 班中队的提案——'无作业日'予以通过，学校决定每月的第二周周末为'无作业周末'。"

郑校长的语音刚落下，全场立即沸腾起来，瞬间爆发出雷鸣般的掌声和欢呼声，久久不能平息。

那一刻，学生和老师都从心底里感受到了"把理想变为现实"的快乐！

教育学家陶行知曾写过一首《小孩不小歌》："人人都说小孩小，谁知人小心不小。你若小看小孩子，便比小孩还要小。"

蹲下来听孩子说话，你看到的将是一个纯真无邪的世界。

第一个"无作业周末"很快就来临了，一大早我便收到了学校的温馨提示：各位老师，本周为 11 月无作业周末。无作业周末均为每月第二周，请知晓。

学生们听到这消息得多高兴呀！

下课铃声响起。"好，这节课就上到这里，今天的数学作业是——嘿嘿，同学们，今天数学没有作业。"

"哇——李老师真好。"小汤同学大声喊着。

"这可是学校少代会上通过的提案，我也要遵守哦。"我笑着说。

小白同学说："对哦，这周是第二周，每月第二周周末是无作业周末。那其他课也没有作业，我可以尽情地玩了。"

"无作业不是无所事事哦，也不是远离书本。"旁边的小朱同学提醒道。

"是呀，同学们平时亲近大自然的时间不多，希望大家可以好好享受亲子时光，多亲近大自然，开展一些有益身心的活动。"

"今天回去，我要跟爸妈讨论讨论周末两天去哪里开拓下视野。"小吴同学兴奋地说。

"我们小组已经决定去敬老院啦！"

小王同学马上接道："我可以去国家版本馆看看咯。"

学生有提案，学校有落实。学校对这些提案非常重视，每一次都会对学生们的提案做统计和分类，并且召开专项会议讨论，商讨如何具体落实各项提案，切实关注学生心中的呼声。

少代会，是学生们可以肆意发声的平台，使学生们的个性在信达温暖的土壤中生根、开花、结果。

"无作业周末、自由着装日等提案都被采纳了。提案真有用！你不想行使少先队员的权利吗？"

"嗯！我要的！那我要好好想想。"

"你的提案被选为优秀提案了！"

"谢谢你的鼓励和帮助，让我的想法得以实现，有了报刊亭，我们获得的知识就更多了。"

孩子，你且大胆说！并非所有事情都能如愿以偿，但所有事情都值得试一试。

（李梦雅）

自由的不仅仅是着装

10月的一个周五，天气晴朗，万物可爱。我刚在班里坐下准备批改作业，一然兴奋地跑过来说："Gloria，这周是无作业周末，爸爸妈妈要带我去露营啦，到时候我发照片给你看呀！"

那个周日早上，我果然收到了一然的照片：在帐篷边上，穿着小裙子，拿着牛奶，一脸明媚。我边欣赏边感叹，孩子可以亲近大自然，又惬意又自在放松，真好啊！

照片后跟着一然的一段语音："Gloria，你看我的新裙子好看吗？妈妈才给我买的，和景色很搭吧？"我才发现，除了在家长的照片里，我们几乎没有在学校看到过孩子们穿自己的衣服。

"这条裙子我真的好喜欢，不知道什么时候才能穿到学校里，去给大家看看呢？"

（一）学生们的"小愿望"

10月底，一年一度的少代会即将到来，三年级的队员们第一次拥有了提案的机会。

第一日，提案任务发布日。这一天，311班的晨谈是关于提案的解读，通过桃子老师用心解说，学生们明白了学校生活中的许多便利和"小确幸"是来自高年级队员们的金点子。他们拿到提案表后，个个摩拳擦掌、跃跃欲试。

这一天，一然显得格外兴奋。课间，她溜达到我的办公室门口，朝我眯着眼笑，走进来就和我聊起了提案的想法："Gloria，我可以在提案里说每天穿自己的衣服吗？"

"每天都穿自己的衣服，那我们的校服就失去了它的意义啦。也许可以定个特别的日子，穿自己的衣服当作庆祝？"

当晚，一然妈妈给我发来了开家庭会议的照片，一然妈妈打趣着说："开了20分钟的会，终于一起把她的花衣服提案想好了，小愿望等着被实现咯。"

那一周，队员们可忙碌了，一到下课，他们就三五成群地聚在一起，或是提出自己的想法，或是讨论提案的可行性。课余生活给予了他们提案的灵感与空间。

一周后，终于到了提案提交日。经过几天的思考，再加上和同伴、爸爸妈妈的讨论，队员们交上了一份份满载心意的提案表。

桃子老师兴冲冲拿来一叠提案，交到我手里，我俩一起翻阅提案表，看着学生们对于学校学习生活有什么"小愿望"。

有关于学校作息时间安排的，有关于食堂就餐的，还有关于运动会的。我仔细看了一眼一然的提案：希望学校可以每个月设立一天作"自由着装日"。

（二）真的有了"自由着装日"

11月初，少代会来了。当天早晨，与会队员陆续入场。除了每班的少先队员代表外，还有提案代表。311班的提案代表是一然，平时穿戴整齐的她今天看起来越发自信与精神。

终于到了现场回复28条优秀提案的时刻，一然在台下坐得更端正了，背也挺得直直的。

德育处孟老师在台上对照着队员们上交的提案，一一进行回复："311 中队，一然提出了每月设立一天作为'自由着装日'。对于本提案，德育处决定，将每月第二周周五定为'自由着装日'。每个队员都可以自由穿着符合少年儿童气质的服装。"

一然参加优秀提案颁奖

　　那一刻，全场的队员沸腾了："自由着装日啊！""终于可以穿自己的衣服来学校了！"

　　一然的眼睛里充满了兴奋的神采，脸上是满溢的喜悦。我想那就是被听见、被尊重、被爱的样子。

（三）个性的张扬也很重要

　　11 月中旬，在一然的提案被回复后的第二周，"自由着装日"就被安排到了学生们的学习生活中。

　　之后，我们将每个月"无作业周末"前一日作为一月一度的"自由着装日"，同时也作为学生们这个周末可以"放肆快乐"的起点。

当班主任宣布首次"自由着装日"实行的时候，学生们的欢呼声穿过墙壁，越过走廊，传到了办公室。

一下课就有小朋友来和我分享这个好消息，一边兴奋地和我说，一边眉飞色舞地和小伙伴说，明天自己要穿妈妈最近刚买的新衣服。

第二天，我走进班级，眼前突然一亮，学生们的着装一改之前千篇一律的红，变成了五彩缤纷的颜色。

从前，穿着校服的信达小孺自信大方；现在，每月一次自由着装的信达小孺则更具个性和活力。

整齐、精神很重要，个性的张扬也很重要；简约、方便很需要，自主的彰显也很需要；统一、低调很必要，适当的自由也有必要。

温暖在色彩各异的服装间流淌，温柔在自信洋溢的脸庞上张扬，温度在阳光灿烂的信达里传递。

（任冰玲）

实现愿望的"阿拉丁神灯"

学校操场边的铁丝网上，月季越爬越高，一朵朵、一簇簇，在春天里尽情地开着。

孩子们三三两两地围着这堵"花墙"，兴奋地讨论着：是这朵粉的好看还是那朵红的好看？一个跑着路过的一年级小朋友，欢乐地抢过他们的话题："都好看！"然后，像一只蝴蝶一样，从月季花墙的这头跑到了那头。

真的都好看，无论是花还是孩子。

半年前，这堵"花墙"还不是"花墙"，只是被涂上了绿漆的铁丝网。在第二届少代会召开的时候，一名队员在提案里这样写道："希望我们的校园里能够多种一些植物，让我们有观察植物的机会，让校园像花园一样漂亮。"

对于学生们的提案，学校一向是很重视的。后勤组立刻买来了花种，再由那个提案的队员，带着全班同学一起播种，铁丝网上的绿色顿时有了生机。

从那以后，"花墙"成了学生们经常光顾的"心灵花园"，他们不是在给花浇水，就是在仔细地计算花苞冒出来的个数。每当这个时候，我都觉得风景这边独好，倾听孩子的声音是多么奇妙的事情。

当我告诉下一届学生，学校的花墙，每月的无作业周末，食堂餐盘的高颜值都是由学生在少代会上提出并实现的时候，少代会简直成了学生们心目中的"阿拉丁神灯"。

"孟老师，今年什么时候召开少代会？"

"去年少代会上，我的提案被评为优秀提案，今年我又有新的想法了！"

"这次我的提案一定会被采纳的，我这次的提案可是代表大众心声的！"

很快，少代会又来了！又一众提案被采纳。队员们的脸上洋溢着一种"当家做主""学校建设我谏言"的自豪感。

少代会闭幕散场，一名佩戴着优秀提案奖章的队员向我走了过来："孟老师，为什么我的提案没有被答复啊？"

哦，我知道这个学生，他的提案是"男厕所禁烟"。

"是不是因为我向老师提出了要求，所以没有答复？"他一脸的失落。

"不会，不会！"我立刻保证道，"学校绝不会因为你向老师提要求而不给回复，走，我们去找总务处主任陈老师，让他当面回答你怎么落实。"

总务处办公室内，陈老师正认真地比照着自己的发言稿和提案汇总表。

"哎呀！子宸，陈老师在写发言稿的时候把你这条提案给漏了，向你道歉！"陈老师微笑着，真诚地看着这个大男孩，"我向你保证，从今天开始，陈老师第一个戒烟。下次会议的时候，我会跟全体老师说你这个提案的要求。"

"好！"这名已是六年级的学生开心地离开了办公室。

从此以后，男厕所里再无烟味！

当初的学生已然毕业，与陈老师再次聊起此事，他坦言："要感谢这个孩子，没有他来向我提议，我是戒不了烟的。"我看了一眼他那已成了"收纳盒"的烟灰缸，深深被信达老师的执行力所折服。

这几年，学生们的提案多种多样。其中有一条是关于建立图书角的：每班同学将家中闲置的书捐出来，在班级内建立图书角，供各年级同学阅览；挑选每班捐赠的图书和图书阅览室的精选图书，在学校中建立阅读长廊，可以方便更多同学随时随地阅读。

截至目前，已完成各班图书角建设 52 个，阅读长廊 4 条，大儒书房 1 间，包括 2022 年正式投入使用的信达晓风书屋。

一条条提案像催化剂一般，在校园里不断更新、不断落实。

为响应劳动教育回归校园，学生们又发声了。"开辟校园劳动实践农场。""让每个班自己种菜，品尝劳动果实。""建议在 A、B 两栋楼楼顶开设空中种植园。每个班级一个种植池，建设成一个空中花园。"

不同的表述表达着同一个声音。在德育处的推进下，种植园里一茬茬的黄瓜丰收了。

在学校的向日葵浮雕边，刻着这样一行字：人人都说小孩小，小孩人小心不小。

作为教育者，我们并未拥有神奇的魔法，我们亦没有真正的"阿拉丁神灯"。但是，当我们将自身的心弦与这些小孩的心弦对准音调，倾听他们发出的声音时，我们就能创造出一盏又一盏的"阿拉丁神灯"，让一届又一届的学生，大胆吐露心声，圆梦于信达！

（孟国富）

最飒女将

急促有力的奔跑，行云流水的脚法，声嘶力竭的尖叫，在无数的加油呐喊声中，汗水从每个运动员的脸颊上滑落，浸入运动少男少女们湿透的衣襟。

一次次激烈的碰撞，一声声震天的怒吼。随着裁判的一声哨响——信达一年一度的足球联赛开始了。

每个年级，每个班级，每个同学，全员参与"孺见杯·足球赛"，然而全参与不等于全体验。

熠熠发光的奖杯记录着历年冠亚季军的故事。对于运动员来说，有谁会不想拥有把球射入球门的英姿，又有谁会不想拥有被队友们夸赞后的满足。"最佳射手"作为足球运动的崇高荣誉，是对足球运动员的高度认可。但是每个年级只会有一名"最佳射手"。

多少年了，对于"最佳射手"花落谁家，男生总会翘首以盼，而女生却会闷闷不乐。因为每年的"最佳射手"几乎都是男生，鲜有女生获得这份殊荣。

"'最佳射手'只有一个，这是毋庸置疑的。"

"同场竞技，除非球技超群，不然女生别想获得'最佳射手'的奖杯。"

体育老师严厉地强调着，学生间也在小声地嘀咕着，仿佛所有人对"最佳射手"的人选都已经形成了固化思维。

争论的目的不是要说服对方，而是要找到真理。"少争论""多质疑""繁苦闷"，固化的思维必将发生改变。

一个美好的早晨，改变的种子就这么悄然种下了。体育课堂上，我抬高音量郑重宣布足球联赛即将开赛，马上就要开始选拔足球运动员了。

学生们迫不及待，七嘴八舌地议论开了：今年的"最佳射手"到底会花落谁家？在热闹的氛围里，几个足球踢得不错的女生的情绪却不高，在被体育老师选为候选球员后，依然闷闷不乐地噘着嘴。

"'最佳射手'每个年级只有一个，我们男生都很难获得，更别提你们女生了，除非发生奇迹！"全班男生开始挨个起哄道。

"女生想要获'最佳射手'，做梦去吧！"

"我们女生的战斗力也不弱啊！你们男生本来就有体力优势！我们就是不服！"

"你们先说服体育老师再说吧！"

我一听，原来是因为"最佳射手"这个奖杯引发的坏情绪。

课后，我静静坐下来思考。确实，对于女生来说，"最佳射手"这个奖杯太难拿了。那有什么办法可以解决呢？不如让学生们来帮忙出谋划策吧！

生活就是变革，完美就是不断变化。"坏情绪""真心话""大争吵"，赛制的变革悄然发生。

第二天，"如何让女生也可以拿到足球荣誉"的议题在课上展开了。学生们七嘴八舌，纷纷献策。

多名额提议："我们可以多选几个'最佳射手'啊。"——学生们都有好胜心。

多奖项提议："冠军队都给不同的奖。"——学生们都想被肯定。

多角度提议："可以把'最佳射手'改成'最佳球队'。"——学生们都想要参与。

"还有人有其他建议吗？不妨在老师准备的提案单上写一写，并注明理由。"

"男生、女生里分别选一个'最佳射手'吧，这样也有优秀的女队员可以脱颖而出了！"这个想法让我眼前一亮，分类竞技，各有突出。

于是，"最飒女将"诞生了。"最飒女将"，顾名思义就是在整个年级足球联赛中进球数最多、表现最突出的女生。

课后，我把这份提案在体育组内进行讨论，并上报给学校。经学校同意后，我们设立了"最飒女将"奖项。

从此，"飒爽英姿五尺枪，曙光初照演兵场"，不再仅是毛主席笔下女民兵的英勇写照，也是信达操场上的足球女将的真实写照。

（陈奇杰）

别看小孩小

（一）我的礼物我做主

"沈老师，好期待一个礼拜一次的转盘大抽奖，不知道这次能不能抽中我喜欢的奖品？"小 Y 同学走到我身边，靠着我，甜甜地问道。

小 T 同学双手交叉握拳，双眼紧闭，做出许愿的动作，随着转盘慢慢停下，学生们尖叫起来："哇，他抽中了大奖！"

小 T 同学瞪大了眼睛，满脸的欣喜，他的心愿实现了。他暗自窃喜，小声说道："嘿嘿，我就知道会抽中大奖，我的运气向来不错！"

"沈老师，我们上次列的礼物清单，这回你都'进货'了吗？我们可等了好久了！"几个学生围在我身边，兴奋地问我。

"瞧你们一个个迫不及待的样子，你们猜猜会有吗？"我打趣道。"一定会有的！"小 H 同学自信满满地抢答道。

一个礼拜里学生们最期待的时刻是什么？周五班队课的转盘大抽奖环节，非它莫属。而这令学生们期待的抽奖环节，以前可没有。

有一天，几个学生与我闲谈，他们向我提出能否更改一下兑奖制度。多有想法的学生呀！我非常放心地把制定权交给了他们。

这几个学生效率很高，没过几天，就给我"出台"了一系列兑奖制度。于是，专属于他们的礼物清单以及转盘大抽奖便诞生了。

别看学生们人小，他们的想法新鲜、有趣又可行。这一次，他们的礼物他们来做主！

（二）我的伙伴我温暖

她叫乐乐，可她却一点都不快乐，她很文静，性格有点孤僻，最大的特点就是慢，很多事情跟不上节拍。课堂上，看着她忧郁的小脸，我有些心疼。

从她身边经过，我总喜欢用手轻轻摸一下她的书桌，或者抚一下她的头发，或者拍一下她的肩膀，或者故意停下脚步，询问她写了多少，对了几道题，或者情真意切地夸上两句："嗯，字写得不错！"

一开始，她没有反应，次数多了，可能感觉出来我对她的特殊照顾，她渐渐有了变化，课下遇到我，不再像老鼠见到猫那样转身就跑了。

再后来，她居然会主动迎上来，大大方方地说："沈老师好！"这样的遇见让我惊喜不已，我似乎看到了一丝曙光。

多好的改变啊！其他学生都看在眼里。班上的小学霸向我提议："沈老师，乐乐的改变多大呀！我作为她的同班同学，是不是也可以付出一些行动呢？"

于是，他主动申请与乐乐做同桌，每天热情主动地帮助乐乐。渐渐地，乐乐的书写有了很大的进步，写作业的速度也快了很多。

终于有一天，乐乐不再是最后一个把作业写完的。我拿起她的作业本，像挥舞着一面胜利的旗帜，大声地说道："乐乐同学今天的作业写得棒极了，不仅书写整洁、字体工整，而且没有一个错别字。以后谁要是说乐乐写作业慢，我第一个不同意！"

此时，我看见她的脸像一朵绽开的芙蓉，有些羞涩，但很动人。

下课后，她偷偷塞给小学霸同桌一张纸，上面画了一个笑脸，旁边写着一行字：谢谢你！

一个笑脸和三个字，很简单，却是她向表达自己的情感所迈出的一大步。

小学霸同桌拿着这张纸，也像是挥舞着一面胜利的旗帜。慢慢地，学生们自发组成了班级帮扶小队。

别看学生们人小，他们的内心细腻且有爱。这一次，他们的伙伴他们来温暖！

（三）我的校园我点亮

学生们能"直言不讳"是多么可贵呀！老师不应该是高高在上的，而是应该蹲下来，真正地与学生成为朋友。

在信达的校园里，只要学生们敢说，愿意说，说在点子上，说得合理，学校的原则是能满足的就尽量满足。

于是，一枚奖章、一场家庭会议、自由着装日、无作业周末等都一一实现了，学生们的一份份优秀提案正点亮着信达的校园。

小 Y 同学一直是班上的"弄潮儿"，每月的自由着装日，她总是能以一身时尚的打扮吸引大家的目光。

有一天，她悄悄走到我身边，在我耳边一本正经地说道："沈老师，你看我穿得这么古风，可我觉得我的书包并不配我的衣服。我们的书包上都是芭比公主、凯蒂猫、蜘蛛侠，这些都是外国文化元素。为什么好看的中国元素就没有出现在我们的书包上呢？这样也能和我的衣服更搭配呀！"

我内心一惊又一喜。惊的是，似乎的确如此，我们很少看到学生的书包上有中国元素；喜的是，这学生观察得挺细致，也挺有想法的。

于是，我期待地问道："是啊，多可惜，这么精美的中国元素怎么就没有出现在我们的书包上呢，你觉得该怎么办？"

小Y思考片刻，小心翼翼地回答："现在的一、二年级，学校不是统一定制了信达的专属书包吗？我们可不可以在这个书包上加上一些中国元素呢？"

我连连点头，向她投去肯定的目光："你的想法真好，学校不是有少代会吗？你写份提案交上去，一定能得到认可！"

小Y眼里有了光，自信地说道："沈老师，你等着，下次我就是我们学校的书包设计师了！"

别看孩子们人小，他们善思考、能表达。这一次，他们的校园他们来点亮！小到班级的民主，大到学校的管理，请永远不要低估学生们的想法与勇气，永远不要辜负学生们对学校的深厚感情。别看小孩小，人小心不小。

（沈忠芬）

抽奖箱"狂想曲"

（一）藏着幸运的奖券

红色的抽奖箱，期待的小眼神，怦怦跳的小心脏，周五下午，班级积分抽奖活动又开始啦。

小 A 同学摩拳擦掌，迫不及待地从抽奖箱里拿出一张奖券。

"哇！我抽到了'一杯值得拥有的茶'！"小 A 从我手中接过茶，笑得合不拢嘴。只见他轻轻地吹了吹，然后抿了一口，说："此茶，乃绝品也！"然后，他无比享受地闭上双眼，氤氲的水汽里弥散着如烟如雾般迷蒙的诱惑，引得周围的同学纷纷投来羡慕的目光。

小 B 同学有些期待又有些犹豫，小手在抽奖箱里搅动了好一会儿，最后，在大家的声声催促下，才慢悠悠地拿出了一张奖券。

激动的心，颤抖的手，果然"精挑细选"的奖券里藏着幸运——"和老师去水景公园散步"。

"太棒啦，我终于可以约陈老师去散步啦！我还要带上我家小狗！"几个小家伙连忙把他围住，说："带上我，带上我！"

轮到小 C 了，性格豪爽的他大步流星地走上讲台，毫不犹豫地伸手拿出一张奖券——"优先去食堂用餐一周"。

这可是这个月我们民主投票确定的新奖券，竟然这么快便被小 C 抽到了，大家不禁欢呼起来。

（二）奇思妙想的奖励

奖励机制，从一定程度上可以激励学生们自我完善和自我约束，短期内会收到良好效果，但确实这些都是外部驱动的力量，特别是物质奖励，学生对其的新鲜感过后，它便会失去原有的激励作用。

如何使班级的奖励制度真正激励大家并保持新鲜感呢？我在班级进行了头脑风暴，倾听同学们的意见。

有同学说："老师，学校每年都有少代会，我们班级也可以有一个呀！""是呀，是呀，我们可以自由提案，自己来确定抽奖券的内容。"

这个点子真不错，看来思维碰撞总是能开出令人惊喜的火花。

于是我们确立了每月一次的"奖券征集互动"。同学们以小组为单位，观察生活，征求意见，讨论产生小组奖券提案。全班同学通过后，就成为激励同学们的奖券，被放入班级抽奖箱里。

"主持一次晨会""上一次班队课""和老师共进晚餐""和老师一起去水景公园散步""和同学们分享自己喜欢的音乐""优先去食堂用餐一周""周末和老师去野餐""和老师一起去游泳"等。

小家伙们总是有很多奇思妙想，使我们的奖池里充满新鲜成分。在抽奖箱的激励下，大家攒足了劲儿赚积分。作业书写认真工整，课堂专注积极思考，值日积极责任心强，互助友爱温暖同学等。

当大家去关注学习生活中的细节时，自律上进的种子便在心里萌芽了。

（三）以后还能抽到这个奖

班里的"调皮大王"小D终于攒够积分来参加抽奖了。这个小家伙戏特别多，只见他一边嘴里振振有词"天灵灵，地灵灵……"，一边作揖拜起了抽奖箱。也许是这样的虔诚感动了抽奖箱，小 D 抽到了大家最期待的大奖——"周末和老师去野餐"。

全班都沸腾起来了！这个喜欢在班级里搞怪、唱反调吸引大家关注、常常与规则格格不入的小家伙，此刻成为所有同学羡慕的对象。

看着他拿着奖券手舞足蹈的样子，我也笑了。

调皮捣蛋的学生，他们之所以制造麻烦，是因为极度需要老师的关注。虽然之前我曾和小 D 聊天、谈心，但并未真正打开他的心扉，彻底纠正叛逆行为。也许这次野餐就是一个好的契机。

周六下午，野餐如期进行。校园外面的小 D 果然和平时不大一样，我们在约定地点接上小 D，他彬彬有礼，腼腆地向我们介绍他带来的东西。

由于车停得比较远，天气闷热，要把所有野餐用品拿到草地上去还真不容易。小 D 主动承担，背上背着一个大包，手里也拿满了东西，还坚持要我把手里的一个包挂在他脖子上。

"真是太靠谱了，小 D ！"我由衷感叹道，"老师一直觉得你是个特别能理解人、特别有担当的孩子。"

小 D 听到夸奖后有点害羞，马上岔开话题。

来到草地后，我们一起搭好了帐篷。见我准备了很多零食，小 D 直呼："李老师，你这样带我们来野餐，不是要'破产'了吗？"

我告诉他，不要紧，能和你们一起周末野餐，我觉得很开心。小 D 笑着说："那我希望以后还能抽到这个奖。"

就这样，在这个有点闷热的下午，我们在草地上活动，在山上赏花，用几把玩具枪玩起了追逐大战，累了便躲在帐篷里吃东西、下棋、聊天。

没有任何说教，孩子们也没有任何不得体的行为。这时候我不再是老师，他们也不再是我的学生，在我面前的是真正的小孩子，只需要尽情玩乐，不需要任何伪装和刻意。

不知不觉中，小D终于放下了所有戒备，和我的心走近了一大步。

孩子信任老师了，教育才能有作用。孩子愿意亲近老师，便会自愿去做出改变。

自从那次野餐后，小D同学的确变了。依然有些调皮的他，变得可爱了很多，不再跟老师唱反调，反而开始关心起班里的卫生和纪律。

这张奖券，成为小D蜕变的开始。

（四）几家欢喜几家愁

不过，抽奖这个事，总是几家欢喜几家愁。

平时比较腼腆安静的小F同学，抽到了"主持一次晨会"的奖券。打开奖券那一瞬间，他的笑容便僵硬了，低下头，黑着脸，把奖券揉成一团后走回座位。

放学后，我特意留下小F，拍了拍他的肩膀："老师知道，你抽到主持晨会的奖券有点压力，但我相信你一定能够主持好的，你有这个能力！"

接着，我和小F一起讨论了晨会主持的流程，引导他讲了讲这段时间班里的问题。果然，安静的孩子都有颗善于观察的心，小F的视角很独特，他表扬了最近大家做得好的地方，然后犀利地提出存在哪些问题，并且还讲了讲自己的建议。

我不禁为他鼓起掌来："太棒了，你还没准备就讲得这么有条理，老师都佩服！"听到我的肯定，小F羞涩地笑了。

终于到了上台的那一天，小 F 信步走上讲台，侃侃而谈。虽然过程中有些许紧张，但他准备充分，讲得很有条理，赢得了大家发自内心的掌声。

有了这次成功主持晨会的经历，小 F 果然更加自信了，课堂上回答问题也更加积极从容了。

这次抽到的"主持一次晨会"的奖券，成为小 F 美好的记忆，并且成功滋养了他的心灵。

抽奖箱里的奖券本是奖励学生的，自由提案也是为了顺应学生的心意。

在一张张自由民主的奖券里，在一次次挑战自我的激励中，在和老师及同伴的亲密接触中，在一场场以尊重为名的抽奖活动中，在一次次传递师生友爱的兑奖现场，老师和学生在不断地成就彼此。

班级抽奖箱的狂想曲，精彩还在继续，学生们总有新主意丰富它的旋律。学生们对奖池的期待引发了更多的期待，那便是尊重和爱。

（李欣玲）

米粒大作战

新一届少代会召开在即。

班会课上，同学们七嘴八舌地讨论着少先队的提案内容，脸上洋溢着当家做主的幸福感。

下课铃声响起，却丝毫没有减少同学们的热情。王老师忍不住打断了同学们的讨论："饭后精彩继续。"

正值饭点，食堂里飘出了诱人的饭菜香味，食堂外面又开始热闹起来。响亮的口号，整齐的队形，各个班级如蓄势待发的部队，陆续准备进入食堂。

路队长在食堂黄线处整队，同学们动作干净利索，精神饱满。伴着一声口令，一群孩子像快乐的小鸟，迅速分散到各个窗口，准备排队取餐。

小满脖子伸得老长，面露喜色，看来是对今天的菜品甚是满意。

他笑眯眯地将小菜碟一份接着一份放进自己的托盘，还特意挑了一碗堆得像小山包一样的米饭。拿完饭菜后，他大步往班级的餐位走去，餐盘里的碟子被震得叮当作响。

可能是他太心急，一下走过了头，幸好旁边的同学提醒："小满，这里这里！你又走错啦！"他笑着折回来，坐回自己的椅子，开始享受信达大餐厅的美味。

他先拣了两个最喜欢的菜，一股脑儿地来了个"泰山压顶"，然后挑起一大块红烧肉，把嘴巴填得满满当当的，不一会儿他就打起了饱嗝，但是满满一碗米饭才动了冰山一角。

身边的同学陆续吃完，起身离开。

"吃不完可怎么办？"他知道今天可能会被值周生批评，就偷偷瞄了一眼值周生，趁其不备，反手就把米饭倒进了旁边的剩菜剩饭桶里。

谁知，他刚一抬手就被值周老师逮了个正着。小满面露苦色，不好意思地说："我实在吃不下了。"

老师指着墙上的标语说："按需取餐，杜绝浪费。你这一顿浪费的米饭，知道有多少粒米吗？"老师的问题引起了小满的好奇。

"这碗饭大约有 3000 粒米，每一粒米，每一碗饭，都要通过农民伯伯的辛苦劳作才能获得。犁地、播种、插秧、杀虫、施肥、收割、打谷、晒谷、碾米，经过这一系列工序，最后才能被端上我们的餐桌，就这样白白浪费了，多可惜！"

小满走出食堂，脑海里不断回想起老师对他说的那番话："'谁知盘中餐，粒粒皆辛苦'是我从小就明白的道理，为什么今天我就没有意识到呢？"

小满是个充满正能量的学生，心里感到有些愧疚。他在教学楼前左右徘徊，不知道怎么跟老师说。

突然，他灵光一闪，想起班会课上的提案，顿时眼睛里有了神采，他赶紧一路小跑，回班里向老师和同学说明了今天在食堂发生的事情。

他说自己有了一个好提案："从今天开始，我要在家收集剩饭米粒，剩一粒饭就在杯子里存一粒米，一个月后再用秤称一称，看看这个月会被我丢弃多少粒米。"

他眉飞色舞地说着，似乎找到了最好的弥补错误的方法，"用米粒来代替剩饭粒，可以帮助我和像我一样偶尔会浪费粮食的同学。"

他笑了，眼睛里闪着亮光。"名字我都想好了，就叫'米粒大作战'！"边上的同学都鼓起掌来，向他竖起了大拇指，他腼腆地笑了起来。

于是，趁热打铁，大家集思广益，小满的提案在同学的帮助下得到了优化。

在新一届的少代会上，小满作为班级代表，向学校和其他代表阐述了班级提案。该提案不仅得到了校长的支持，而且还作为寒假实践活动在全校开展。

开学日，校门口热闹非凡，大大的红桶，雪白的米粒，格外显眼。桶里面装着寒假里全校同学在家存起来的被浪费的米粒，足足80多斤，可以供好几个班级吃上一天。

中午，有心的小满特意看了看厨房几个垃圾桶。意想不到的是，桶里除了骨头和菜汤，什么都没有。

小满的心中充满了喜悦与骄傲，他没想到他的提案能如此被重视，也没想到自己一个小小的想法竟能改变浪费粮食的现象。

孩子不是图画练习册，不能光顾着涂上我们自己喜欢的颜色。要将画笔交给孩子，让他们自己来绘制美好的蓝图。

（王琼）

第六章

一堂在线课：让「孺见」教育一直在线

线上线下融合教学已是教育的常态。让线上教学隔空不隔"空"，信达努力开发、建立相应的线上教学举措，让学生们在教育教学中隔空"看见"。在线课程的 41 条规范，是信达 20 多年来办学历程中始终不忘的教育初心。

在线课程的 41 条规范包括建立在线教学日志、及时分享教师线上教学中的小妙招；根据需要，开展网课教学的专题集备，每周至少一次；每节课露脸时长不少于 20 分钟，注意个人形象，优化直播背景；等等。

"一堂在线课"，让教育实时在线

"网课"是近几年诞生的热门词，原来只在各大授课平台上使用。新冠疫情让大到高校、小至幼儿园的学生，都开始了坐在屏幕前与老师隔空对话的线上教学。

201 金梦宇《网课记忆》

等网课的新鲜感退却，迎来的便是家长的吐槽：这线上上课哪能跟在学校上课相提并论？

面对这样的质疑，信达人从担任"线上主播"开始，就预设了这些可能存在的问题。

"穿校服参与网课学习，上课时精神饱满""尽量保证有一位家长居家陪伴，和孩子一起有规律饮食、起居""建立在线教学日志、及时分享教师网课教学中的小妙招""根据需要，开展网课教学的专题集备，每周至少一次""每节课露脸时长不少于 20 分钟，注意个人形象，优化直播背景"等，形成了信达在线课程的 41 条规范。

班主任和任课老师经常和学生们视频通话，及时跟进一些居家陪伴有困难的家庭。他们关注每一个信达小孺，通过在线课堂让师生的心贴得更近。同时，老师们开展在线教学实效性探索，努力让学生隔空"看见"。于是，才有了信达家长说的：信达的线上课，有效、放心。

是什么让信达人做到了这一点？

班主任说：为了学生，我们 24 小时在线。

信达人说："孺见"教育，一直在线！

20 多年来，信达在办学的过程中始终不忘教育初心，处处可见老师对学生无微不至的关怀。

坚持儿童立场，让"孺见"教育渗透在教室、操场的角角落落。

一次有滋有味的花式晨谈；一个像模像样的小老师舞台；一场看似"不公平"的足球赛；一堂整整上了 3 年的"私教"课；一棵向日葵的花开花落，陪伴着小孺的点滴成长；一片大樟树的绿荫，展示着它的"时尚、包容、开放"。

每一件小事都成了一个动人的教育故事，每一个看似平凡的举动却教会了小孺面向未来的智慧和勇气。

"孺见"教育，处处连线，实时在线！

（姚赛华）

360° 晨谈

信达小学部的清晨，总是充满阳光、充满生机。

在大课间之后、第一节上课之前，有 10 分钟的休息时间。这 10 分钟的时间永远是班主任的专属——晨间谈话。

如果你觉得那无非就是思想教育 10 分钟，那可就想错了。在信达，晨谈 10 分钟，小时间，大作用。

（一）2023 年 4 月 3 日星期一晨谈主题：一周新气象预报

晨谈时间的铃声刚刚响过，第九周预报员小宁就自信满满地走上了讲台，她清了清嗓子，学着我的模样，环视了一圈下面坐着的同学，用手势示意大家尽快坐好。

同学们也心领神会，喝水的、擦汗的、整理外套的无不停下了手中的动作，迅速端坐。

"同学们，大家早上好！今天是星期一，由我来为大家做一周新气象预报。"台下的听众们鼓掌过后，小宁继续说道，"众所周知，上一周一年一度的校园足球赛已经拉开帷幕，本周我们将迎来第二场球赛。"

说起这足球赛，可是我们班永远的痛。从四年级开始，我们就是"千年垫底"，好在无论是球员还是啦啦队员，都没有因为这一时的落后而对这项活动丧失热情。

"下面请我们班足球队队长天宸同学对上周的比赛做总结。"教室里响起一阵雷鸣般的掌声。

"第一场球赛我们班可谓是旗开得胜。"是的，你没有听错，第一场球我们班奇迹般地以 1 比 0 取胜。

"虽然是因为对方守门员被我方人高马大的盛伦同学的一脚有力的远射吓呆了，自己把球拨进了球门，但这个乌龙球也是一个——好球。"

"好球！好球！"学生们连连鼓掌叫好，连我都被他们的"乐观"给逗乐了。

3 秒钟后，天宸同学挥手示意大家安静，脸上又恢复了队长的严肃表情："体育老师已经为我们的第二场球赛布阵，这周请大家期待我们的好消息吧！"

"603 必胜！603 必胜！"

胜不骄，败不馁。这句话在这短短的 10 分钟里，被 603 班的学生们诠释得淋漓尽致。

第二场球，我们班以 0 比 0 与对手打平，这对于乐天派的学生们来说，无疑又是一个好消息。

那么，让我们一起期待 5 月 5 日第三场球赛的战绩吧！

（二）2023 年 4 月 11 日星期二晨谈主题：心情分享

星期二的晨谈时间，是同学们最喜欢的"心情分享"时间。在这 10 分钟里，学生们可以畅所欲言自己的喜怒哀乐。

我特别喜欢听学生们放心、安心地和大家聊心情、聊心事，即便是一点青春期的"负面情绪"，也在学生们你一言、我一语的劝慰或者自我解嘲中烟消云散了，真是"少年不识愁滋味"呀。

但是今天的分享有点与众不同。

当小玥分享了她在市天文知识竞赛中获得了一等奖的好消息后，大家还沉浸在同乐的氛围中。这时，小铃的手慢慢地在人群中举了起来。

这让我很意外，因为小铃是一个极其内向的女孩，平时上课从来不会主动举手。我马上拍手示意同学们安静下来："有请下一个心情分享者小铃同学。"

小铃怯怯地站到了讲台前，声音还没有出来，眼泪先夺眶而出了："我，我的……我的外婆……去世了！"

教室里瞬间寂静无声。

我一把揽过小铃，把她搂在怀里。学生小小的内心是承受了多大的悲伤，才让她鼓起勇气走上台前，把痛苦倾诉出来。

默默陪伴了她 2 分钟后，小铃渐渐平静了下来。之后，她缓缓将让她永生难忘的记忆告诉了我们。

原来在她放学回家时，发现外婆趴在自家门口，她怎么叫都没有回应，又马上去叫了邻居拨打 120，可是已经来不及了。

可能是因为学生们都没有如此近距离地经历过生离死别，一时之间都缓不过神来，教室里静得如一潭死水。

我正要开口说话，教室的一个角落里，一个女生轻柔地哼唱："...so there's no need to say goodbye, I wanna ask you not to cry, I'll always be by your side..."

渐渐地，独唱变成几重唱，又汇集为合唱。此时，我感到欣慰，学生们懂得共情了。

真正的懂得，来自同伴们的别样宽慰，这远胜于我原本要谈的关乎生死的人生大道理。

培根说："把痛苦告诉你的知心朋友，痛苦就会减掉一半；把快乐与你的朋友分享，快乐就会一分为二。"

虽然小铃内心的伤痛需要时间去慢慢愈合，但此刻她的痛苦已经化成了44份，与同学们一同分担。

（三）2023年4月20日星期四晨谈内容：热点时事

"当当——"新闻联播的经典开场曲回荡在教室里。

今早的时事热点播报员小雯，正端端正正地站在讲台上。随着音乐结束，一个稚气未脱的女声立马吸引了全班同学的注意，不，是全班"吃货"的注意。

"大家好，您现在收看的是信达603班的早间新闻分享，很高兴成为今天的分享者。4月15日，'五一'假期火车票开售，多个城市到山东淄博的车票一分钟便被一抢而空。那么淄博到底有什么魅力呢？原来是淄博的烧烤火了。"

说着，小雯点开了精心准备的PPT，"哇——"一张张烧烤图片配上小雯的讲述，不禁让人垂涎欲滴，真想马上奔赴淄博大快朵颐。

"今天我的分享到此结束。下面是同学们就今天的话题进行自由讨论的时间。"

一提起最近的热点话题"淄博烧烤"，学生们好像就有说不完的话。有分享爸爸去淄博出差时的吃饭经历的；有自己寒假回山东老家，吃过淄博烧烤，前来进行推荐分享的；而更多的声音还是对"人间美味"的无限向往。

一次精心准备的晨间热点话题分享，一个小小的接地气的话题，彰显出学生们自觉、自主、创新的意识，积极、自信、勇敢的品质，相信他们会在早间新闻分享中成长得更快、更好。

每天10分钟，润物细无声。你看，信达的晨谈10分钟是多彩的、多角度的，更是多功能的。

（胡平平）

"不公平"的足球赛

4月，信达操场上正如火如荼地进行着校园足球联赛。因实力超强被公认为冠军的403班来势汹汹，小组赛以明显的优势战胜对手，半决赛以点球战胜了上届冠军班级。

而即将到来的决赛，他们将面对实力远不及自己的405班。球员们个个洋溢着自信的笑容，笃定自己将会获取本届比赛的最高殊荣。

很快，到了决赛日，任课老师们纷纷受邀观赛，场上热火朝天。我作为403班的英语老师，自然也来为他们呐喊助威。

天公不作美，下起了毛毛细雨。403班在场上占据绝对主动，但久攻不下，反被对方趁势反攻，一个远射夺门之后，405班以1比0领先。场下的学生声嘶力竭，扯着嗓子呼喊鼓劲："403，加油！ 403，加油！"声音响彻操场。

场上的球员奋力拼搏，队长小天频频对405班发起攻势，无奈对方防守做得太出色，紧接着又是一记防守反击，2比0，谁都没有想到的结果！我的心被揪得紧紧的。

随着裁判的一声哨响，比分定格在了2比0，最被赋予期待的403班被黑马405班打败。

此时，雨声夹杂着哭声，一片悲号。不知哪里，出现了不和谐的悲愤："不公平！黑哨！""我们接受输，但我们不接受以这种方式输！""强烈要求重赛！"

学生们或相拥哭泣，或捶胸顿足，甚至有人找裁判理论，争议球赛的不公。强烈的班级集体荣誉感，让在场的所有人动容。

回到教室后，学生们的情绪仍旧久久不能平静。看着如此激动的学生们，班主任沈老师会如何引导呢？

与沈老师眼神碰撞之后，她心领神会，开口了："同学们，比赛已经结束了。我知道大家都很难过，比赛有输有赢，接受已成定局的事实，也是一种成长，不是吗？"一番话后，我注意到学生们的表情舒缓了些。

沈老师走向学生们，继续说："我讲个故事给大家听吧。从前，有一个人，他总觉得别人在背后议论他，为此他每天郁郁寡欢。有一天，单位同事一起去爬山，这是他擅长的户外运动。当他慢慢拉开与别人的距离，越爬越高的时候，他发现身边的声音开始慢慢变小，甚至听不见了。同学们，你们明白我这个故事的寓意吗？"

博文说："沈老师，我知道。当我们变得越来越厉害，真正用实力远超对手的时候，外界的影响就不重要了！"

"是啊，当我们不断提升自己的能力，与别人拉开差距的时候，我们就会越来越不在意那些存在或不存在的外界影响，只有实力差不多的时候，我们才会为失败去寻找一些外因。同学们，好好练习增强实力，下次足球赛再战！这次比赛只是你们人生的一小部分，未来我们还有更远的路要走。"

学生们若有所思地点点头。班主任沈老师的一席话让我内心暖暖的，失落的学生们，需要"鸡汤"的灌溉。

第二天，得知此事的沈校长走进了403教室，原来是学生们希望有一个权威人士来帮他们主持公道。当我知道这个消息后，急忙放下手头上的事，跟过去看看。

沈校长就"维护公平"的话题和学生们聊开了："同学们，你们看到了哪些'不公平'的现象？"

陈同学激动地说："他们手球了，裁判没判；我们明明进球了，裁判却说没进；还有他们明明把小达绊倒了，裁判也没吹哨。"

沈校长继续询问："那你们是否掌握了足够的证据？"学生们大都罗列了本班同学的见闻。

沈校长认为，利益相关方的证明是低效证据。于是，他继续发问："亲眼看到的是不是一定是事实？是否需要公正的第三方介入？表达观点前，首先是哭泣还是理性表达？"学生们渐渐陷入了沉思。

沈校长用他独特的方式和学生们回忆着比赛，层层剥茧，厘清了事实；用直击心灵的提问，教会了学生们如何进行有逻辑的判断，如何表达诉求和保持立场。

沈校长的谈话方式、处事方式让我震惊，原来可以用如此深奥、理性的方式让学生们接纳此事。

他的到来，打开了学生们的思路和眼界，启发了学生们面对突发事件的正确思维方式，同时也鼓励了学生们正确表达自己，合理纾解情绪。

当还有学生无法从失利的情绪中出来的时候，越来越多的学生通过"证据"的罗列逐渐清醒了起来。

一位上场的球员冒着被大家"指责"的风险，第一个站起来说："裁判没有任何问题！比赛是公平的！"

前一天还在和裁判较真比赛细节的他，怎么会在一个晚上之后马上掉转风头呢？原来他回家咨询了爸爸的专业意见，还通过网络获取了更多与足球比赛相关的知识。

傍晚时分，403 班的体育老师叶老师也来到了教室，用专业的视角和学生们分享了与足球比赛相关的知识。

　　令人没想到的是，就连 405 班的班主任周老师也留意到了 403 班学生们的情绪变化，进行了慰问和开导。

　　学生们终于慢慢接纳了输球的结果。虽然这个过程有点漫长，虽然可能还有些学生内心存有不甘，但那又有什么关系呢？把一切交给时间来解决吧。

　　亲历了这场"风波"，我内心感慨万千。当一场再平常不过的足球赛被冠以"不公平"的时候，学生们在线，班主任在线，任课老师在线，友班、校长、家长无一不在线：学生的事无小事，每一件都要悉心处理。

（郑金沙）

"小老师"在线

每一滴水都能折射出一束绚丽的阳光，每一双眼睛都能嵌进一个多彩的世界，每一条小溪都能奏响一首欢快的乐曲。我们的学生亦然。

为了让学生们有更多展现数学思维的舞台，我们高龄段数学组推出了"小老师"在线活动。一个个孩子化身"小老师"，用自己独到的学习方法与班里的同学交流，相互答疑解惑。

一段时间下来，我发现在活动过程中发生了很多超出预期的趣事。

（一）有意思的"小老师"

"小老师"在线活动报名开始了，其他学生都热烈地讨论起来，但我注意到班里的学霸"小胖虎"斜着眼睛，"哼"的一声站在一旁，冷眼看着同学们讨论。

"小S，这可是你的强项，你怎么没报名呢？"我走过去问。

"好幼稚啊！你布置的思维题我都会，我才不想浪费时间在录视频上。""小胖虎"展现了他直来直往的"毒舌"功夫。

"唉！太可惜了，你上课讲的方法总是让老师眼前一亮，老师特别期待你能当'小老师'，给同学们讲讲难题呢！"我装作一脸惋惜的样子。

这时，课代表走过来说："宋老师，这个月的报名已经满了，这是报名表。"

我看了看报名表，又转头和"小胖虎"说："这次已经报满了，老师等着你下个月参加哦！""小胖虎"还是"哼"的一声，把头转了过去。

"小老师"活动已经如火如荼地开展了1个月，我又找到了"小胖虎"。

"怎么样，同学们讲题精不精彩啊？"

"还行！就是有一道两次相遇的行程问题，我还有其他想法呢！小W讲得太复杂了，肯定有人没听懂！"

"你也这么觉得？"我一副"英雄所见略同"的样子，"那你有把握讲得比他还清楚吗？"

"那当然！"

"那得赶紧报名！这道题同学们刚刚做过，还有印象呢！"我马上催促道。

"小胖虎"有了"台阶"，也就不别扭了，马上去找课代表报名。

那一周的"小老师"在线活动，我印象特别深。

视频里，"小胖虎"在自家的阳台上对着自己的小黑板，讲题前还深深地鞠一躬，仪式感十足。他用了2种方法解析这道题，还在自己画的线段图上用不同颜色的笔标记，并时不时地发问："所以这一段表示什么呢？"此外，他还开了露脸录制的先河。

精彩的讲解，赢得了同学们的手动点赞，收获了一大片小心心、鲜花和掌声！

第二天，我观察到"小胖虎"听到同学们在讨论他昨天的讲解视频，有些不好意思，又有些小傲娇。

他推了推鼻梁上的眼镜，喃喃自语道："其实，当'小老师'也蛮有意思的！"

（二）"下次有这样的活动我还要参加！"

小X是班里的害羞宝宝，上课回答问题不管正确与否，总是低着头，声音小小的，脸红红的。平时和老师、同学打招呼也会脸红。

所以看到小 X 也报名了，我非常吃惊。课代表给我的解释是大家差不多都轮过了，小 X 还没试过，基本属于"被动"。因此，我特别关注这周的"小老师"在线活动。

小 X 选择讲解的是"火车过桥"问题，也是露脸录制。她采取自问自答的方式："同学们对于'火车过桥'问题最有疑惑的地方是什么呢？是不是'火车过桥的路程究竟包含了哪些'？"

只见镜头一转，一辆玩具小火车出现了！小火车驶过用积木搭建的"桥"时，还有画外音进行解释。最后镜头又转到了小 X 身上，她清了清嗓子，在 iPad 上播放了自制的 PPT，总结了这类问题的解题思路。

太用心了！我有点激动地发信息给小 X 妈妈："孩子真的太棒了，这次讲解让我看到了不同的她！"

"小家伙有些紧张。自己查看了很多'火车过桥'的讲解视频。她说'我要完完全全搞懂了，才能给大家讲明白'。"小 X 妈妈是这么回复我的。

"这次录制主要是她自己完成的，爸爸辅助了一下。孩子为了录制，还学了用软件进行剪辑呢！"这是后来小 X 妈妈发来的信息。

第二天我也找到了小 X，对她的表现进行了肯定："你昨天的讲解特别清晰，尤其是那个过程展示，我要好好保存下来，给下一届学生讲这类题时用，谢谢你！"

"好的，老师！下次有这样的活动我还要参加！"小 X 听到我的表扬，既害羞又激动地说道。

自从经历了这次"小老师"在线活动，我发现小 X 在数学课堂上自信、积极多了。

（三）"我足足录制了 8 次！"

由于家长们的鼓励配合，孩子们的积极性很高。到了活动后期，孩子们更加放飞自我，"讲解视频"一个比一个有趣、丰富。

小 Y 是班级的活宝，淘气的他爱追求"潮流"，总喜欢展现自己个性的一面，还特别喜欢 rap（说唱）。

在数学学习上比较薄弱的他，对"小老师"在线活动特别感兴趣。由于找搭档遇到困难，拖到了活动后期才报名成功，用他自己的话说就是"报个名都经历了九九八十一难"。

我对他的讲解充满了好奇。他会选择什么类型的题？能讲明白吗？我想班里有很多孩子和我的想法一致。

小 Y 选择的是一道经济问题——"折扣"，有一定的难度。

报完名，周一他就耷拉着脑袋来我办公室了。

"宋老师，你就笑我吧！我要讲'折扣'。"

"我为什么要笑你？我不仅不笑你，还要表扬你的勇气。说说你的想法吧！"

"没什么想法，就是报名太晚了，没什么选择。我想这个'折扣'，生活中到处都有，我应该能弄懂。"

"很棒的想法啊！'折扣'问题就是源自生活的，我们开始吧。"说完，我就打开电脑，跟他一起看了很多生活中的打折信息，让他明白这些折扣表示的意义。

通过一番辅导，小 Y 信心十足。他的讲解视频特别有意思，先展示了生活中的折扣信息，再跟同学们说明白折扣的意思。

过程中，他每说几句话，都有相应的特效，有些是音效，有些是时下流行的表情包，特别有趣。同学们的反应也异常热情，第二天还有学生跟我说已经收藏了小Y的视频，太"上头"了！

我也找到了小Y询问："这个讲解视频是你自己制作的吗？"

"当然！各种特效、图片都是我自己剪辑的！连台词我都是先打了个草稿。我足足录制了8次！"小Y一脸骄傲。

"哈哈，你的讲解太形象了，还有你的方言，也太传神了吧！不过，"我话锋一转，"小Y，录这个视频会不会花费你太长时间？"

"是花了不少时间。但是，我好不容易在数学上有表现的机会，而且这次我学会了很多东西。我会添加效果，给声音加速，还可以给自己'变声'！"

望着他一脸兴奋的模样，我笑着说："小Y，你总能学到不一样的东西。"

在"小老师"在线活动中，有着太多令我印象深刻的事。它们都变成了一个个小小的短视频保存在我的电脑里。当我想讲解某一类数学问题时，还可以在这个资源库中找一找，这也成了我独有的教学资源。

"教学相长"在"小老师"在线活动中得到了完美体现。

（宋楚楚）

向阳花开

向日葵，向阳，向上，是我小时候的玩伴，困惑时期的闺密，工作上的净友。

小时候，我十分好奇，这大大的向日葵的种子竟是一颗小小的瓜子。于是，我从家里找了一个心爱的花盆，在家门口的田地里挖来泥土，认真挑选我觉得长得好看的、饱满的种子，播种在里面。

那时，我一天总要看上好几遍。有时怕它太干了，赶紧多浇水，可是泥土变成了泥浆；有时又怕它被淹坏了，赶紧拿到太阳底下晒一晒，一天下来忘记拿进去，泥土又变得硬邦邦的。久久都不见它冒芽，花盆里的杂草倒是越长越烈。

不知是因为种得太密集，还是别的原因，数周过去竟一颗也没发芽，更别提看到开花了。

渐渐地，我也失去了兴趣，不再去关注它们。突然有一天爷爷告诉我，它们发芽了！我喜出望外，它就这么在不经意间悄然地来到我的身边。看着那嫩嫩的小芽，懵懂的我对生命有了新的认识。

从这时候开始，我便与向日葵结下了不解之缘。

每个人在成长的过程中都会不可避免地被问道："你长大之后想当什么？"大部分人的梦想是"老师"，是的，我也是其中之一。

"暮春者，春服既成，冠者五六人，童子六七人，浴乎沂，风乎舞雩，咏而归。"在我的脑海里，常常会闪现《论语》中所描绘的这样一个美好的教育画面。

毕业后，我怀揣着自信和憧憬走上讲台，可是现实却叫我低头：低龄段的小朋友注意力不够集中，需要有趣的课堂环节才能吸引他们；大多数小学生的生活经历比较单一，无法将课堂与生活连接。

在二年级上"向日葵"这一课时，我带着小学生们欣赏图片、观看视频，引导他们探索向日葵的造型与色彩。小学生们往往能抓住向日葵的特征，创作出造型准确、色彩亮丽的作品，但在造型表现上不够大胆，不够生动有趣。

小学生们大多只敢规规矩矩地照画，怯于表现自己的想法，就像被深埋在泥土里发不出芽的小种子一样。这引起了我的重视。

二年级的教学工作，应特别注重让学生积极参与造型游戏，寻觅身边的美，在真实的生活情境中提升审美能力。

回想自己小时候种植向日葵的经历，正逢学校在筹备送给新生的礼物，信达的校花刚好也是这生机勃勃的向日葵。我想，何不让每一个信达学子都体验一把种向日葵呢！

于是，我向学校提议，家访时给每一个新生送去向日葵花籽。这是一个美好的开端，是学校、老师对他们的美好祝愿。

小朋友拿到葵花籽后都特别兴奋，巴不得立刻种下。我也忍不住和学生交流起来："收到了这颗葵花籽，你会怎么对待呢？"学生兴奋地说："我一会儿就把它种进土壤里！""种在哪里呢？花盆里、院子里？种下去会怎么样呢？"学生闪着眼睛回答："我要把它种在我家的花盆里，等它长大了再移到院子里。老师，向日葵能长得好高好高，对吗？""是啊，孩子，葵花籽会和你一样向着太阳茁壮成长！"

家访后，我不时翻看朋友圈，好多小学生种下了葵花籽。他们和爸爸妈妈一起浇水、施肥，精心呵护。有的小学生喜悦地和我分享种子发芽了，有的小学生给我发照片，有的小学生甚至拿起笔用他们稚嫩的线条记录下葵花的生长。一颗葵花籽，在小学生的心中种下希望，留下初印象，我感受到这颗小种子正在他们心中慢慢发芽生长。

既然是校花，就更要绽放在校园里。于是，美术组向学校申请了一块荒地，开学第一天，我们又组织学生在校园里开辟葵花园。松土、播种、浇水、施肥，这一系列实实在在的亲身体验，让小学生们对一颗颗的小葵花籽有了更深的情感。

课间，总有学生来向我"汇报"葵花的生长进度："老师，今天小种子破土了。""老师你知道吗？还有的冒芽了呢！"

他们好奇、期待的样子，让我想到了小时候的自己，如今我把自己童年的快乐带给了他们，教师最幸福的时刻莫过于此吧。

欣喜之余，想着弥补上一届的遗憾，我决定再讲一遍"向日葵"。等向日葵迎阳而立时，我带着学生走进葵花园。

学生们有的与葵花比高矮，有的模仿葵花造型，有的触摸葵花粗粗的秆子，发现它的身上长满了小细毛，还有的小朋友联想到了自己日常的生活状态，觉得向日葵在激情地奔跑，沉静地思考，或活泼，或沉着。

与葵花共通情感，跟看 PPT 的反应完全不一样。

就这样，"向日葵"这一课上着上着，还把我们的葵花园带到了区级公开课上，在课堂上绽放出一片充满童趣的笔绘葵花园。

这两次课，也让我明白了教育和种花一样，一把种子同时种下去，发芽、长叶、开花、结果却有先后顺序。花儿要管，也要等，花儿生长，自有其生长规律。花儿长得不好，要去观察，是否长虫，是否缺肥，是否缺水，再采取相应措施。

　　我知道，每一朵花儿都想绽放自己，结出最多的果实，活出最美好的状态。教育就像养花一样，一边养一边看，一边静待花开。

　　万物皆有时，万物皆有序，播种如是，成长亦是。教育就像养花一样，需要耐心细心培育，还要讲究方式方法。花开自有时，只需静静地等待，淡定从容地陪伴，自有它灿烂绽放的时候。

　　"青青园中葵，朝露待日晞。"如今走进信达校园，在学校的大厅、走廊、步道两旁，随处可见那充满朝气、充满活力的向日葵，信达的学生们也犹如一株株向日葵，自由自在地成长，永远向阳向上！

（冯珍丽）

点开朋友圈之后

周三晚上，我正在翻看朋友圈。突然，小嘉妈妈的朋友圈吸引了我，准确地说，是小嘉画的国画。画上的花和鸟栩栩如生，真好看！没想到，小嘉居然国画画得这么好。看来，下周的展板有主题了。

周一，同学们带着自己的作品来了。漫画、素描、水粉、剪纸、国画等各种作品摆放在一起，真好看。在众多的作品中，我看到了小嘉的国画。

中午，我有意请小嘉帮忙把所有的作品拿到办公室。路上，我自言自语："这么多好作品，我的选择困难症又犯了。这可怎么办呀？"我边说边望向小嘉。

"小嘉，老师看到你的国画画得不错，要不这一次你来帮老师挑选展出的作品吧！"

小嘉听了我的话，有些惊讶地看着我，眼神中有激动、有犹豫。

"需要帮手的话，你可以找一个同学和你一起完成。"小嘉高兴极了，活蹦乱跳地找帮手去了。很快，小嘉找来了小米——班里的美术课代表。

2天后，教室里的展板布置好了，大大的展板被分成了3个小板块：国画、漫画、小制作。

我仔细看了看，没有小嘉的国画。我走到小嘉身边，摸着他的头说："小嘉，你的作品也很好看，为什么没有展出啊？"

"我的作品没有衬底，而且同学们画得比我好。"

"可是老师觉得你画得很好呀，你要自信。你看，这儿稍微挪一挪，刚好空出一张画的地方，老师待会儿给你一张卡纸，你自己衬一下。"

小嘉接过卡纸，摆弄起来，那全神贯注的样子和以往的随意、漫不经心的样子完全不一样，就连贴双面胶也是那么小心翼翼。

我走到他身边，和他一起把作品贴到卡纸上。有了衬底，小嘉的画一下子上了一个档次。

他站在展板前反复欣赏着，我摸着他的头说："小嘉，谢谢你！你真的好能干，帮老师完成了一项大工程。"他看看我，腼腆地笑了。

第二天晨谈课，我站到了展板前，指着漂亮的作品引导学生们欣赏。"我们班的同学可真厉害，这里只是一部分作品，剩下的作品将在下次展出。这一次，我要感谢小嘉和小米，展板布置是他俩共同完成的。"同学们听后，纷纷望向小嘉。

"小嘉不仅出色地完成了任务，他的国画也很棒哦！"我站在小嘉的国画旁边欣赏边说。

同学们的目光都汇聚到小嘉的画上，赞叹声此起彼伏。接下来，我把小嘉请到展板前，开始了"答记者问"。

"小嘉，你学国画多久啦？"

"我从幼儿园中班开始学国画，学了4年了。"

"哇，4年啊！小嘉你可真有毅力。老师想问问，这4年里你是不是一直都在学国画、练习国画呀？"

"是的，我每周六下午都有国画课，除了生病，我都会去上课。"

"哇！"同学们发出一阵惊叹。

"你的国画这么好看，是不是一开始就画得很像呢？"

"那倒不是，我刚去学的时候，连握笔都不会，是老师一点一点教我的。一开始，我画得也不好，坚持学了几个月，才慢慢好起来，也时常能得到老师的表扬。"

"那么，你除了周六去学画，平时在家里画不画呢？"

"当然画呀！一开始当作业完成，越画越好之后，我就喜欢上了，有空就想画一画。"

"看来你是真的喜欢国画，在这方面花了很多时间，那会不会影响学习呢？"

"不会，我在画国画前都会先把作业做好。"

在我和小嘉的一问一答间，小嘉的神情从一开始的害羞慢慢变得自信起来，声音也变得响亮了。

"同学们，"我拉着小嘉的手走到讲台边，"从小嘉刚刚的回答中，你了解到了什么？"

"学国画不是一天两天能学会的。"

"学国画要多练习。"

"学国画要先把作业完成。"

同学们你一言我一语，纷纷表达了自己的想法。

"是啊，同学们，当我们要学习一项自己感兴趣的技能时，首先要完成自己的作业。学习是一件长久的事情，需要坚持，需要勤加练习。我相信小嘉在学国画的时候一定是很认真的，不然是画不出这么漂亮的国画的。现在让我们把掌声送给小嘉。"

掌声过后，我在小嘉耳边轻轻地说："小嘉，学习上也要像学国画那样认真哦！"

从那以后，我发现小嘉和我之间的关系变得亲近起来。他一有空就站在我身边，想帮我做点什么，哪怕是拿一支红笔。学习上，小嘉也变得认真了许多。无论是上课的坐姿，还是书写，都在悄悄进步，各科老师的表扬也越来越多，小嘉的进步让他进入了一个良性循环。

（夏天美）

随笔连心：水彩笔终于回来了

"小丁的水彩笔找到了！"

"是小徐在雨伞桶里找到的！"

当我走进教室准备带队放学时，几个同学嚷嚷着告诉我这个好消息。看着满脸欣喜的小丁，我松了一口气，总算不用再伤脑筋了。

话说这天中午，我接到了小丁妈妈的微信，说是昨天美术课后，小丁的一大盒水彩笔不翼而飞了。

下午没有我的课，我只能利用课间几分钟讲述这件事，希望大家能帮忙找找。静等两节课后，我的内心开始波澜起伏。没想到惊喜来得这么及时！

夜幕降临，我步行回家。一路上，脚步轻松，但思绪万千。如果今天没有找到小丁的水彩笔，我会怎么做呢？现在已经找到了，那接下来我该如何趁此机会教育学生呢？

设想 1：对全班学生进行一次小偷小摸危害大的集体教育。

这次水彩笔不见的原因有多种可能，定性为小偷小摸，太武断。强调危害大，可能会让曾经有过此行为，但已改正的学生产生紧张或自卑的心理。

设想 2：继续追查到底是谁把水彩笔藏到了雨伞桶里，特别要和帮忙找到的那名同学好好谈谈。

以往我会根据各种蛛丝马迹，对可疑同学仔细盘查。尽管我已尽量小心翼翼，但过程中还是可能会伤到孩子的心。

哪怕是哪名同学真的藏了水彩笔，现在能物归原主，说明已知错就改了，这也很可贵。看来再追查没有必要，猜疑也会带来伤害。

设想 3：既然是某同学帮忙找到水彩笔的，那就在班里表扬一番。

若表扬，估计会有学生质疑，他怎么会在雨伞桶中发现水彩笔？会不会就是他藏的？看来淡化表扬更合适。

设想 4：既然顾虑这么多，索性就翻篇，什么也不说。

低年级的学生时常会有东西不见的情况，需要不断引导。不好好利用这次事件，总觉得太可惜。也许注意顾虑的地方，考虑全面，就可以利用好这次教育机会。

夜色渐浓时，我已步入家门。我不由自主地打开电脑，敲击键盘，很快，一篇"小豆干"新鲜出炉。

当晚，我把写好的随笔发给小丁妈妈，就小丁水彩笔失而复得的事件进行了简单的交流，并告知此随笔不发班级群，主要与学生们一起分享。她非常赞同我的处理方式。

第二天下午，上"道德与法治"课时，我表示想与学生们分享新的"小豆干"，学生们的脸上写满了兴奋与期待。于是，我开始深情朗读，不做任何解读。

水彩笔终于回来了

今天放学前，小丁的水彩笔终于回来了！今晚，我可以睡得舒舒服服了。

你们知道吗？要是这盒水彩笔没有及时出现，今晚我一定会辗转反侧，难以安睡。小丁并不是一个不爱收拾的孩子，课桌物品摆放一向十分整齐，哪怕一时乱放，也不至于让这么大盒水彩笔消失得无影无踪呀！

难道真有孩子一时贪心做了糊涂事？不会的，不会的！谁家父母不愿给孩子买水彩笔呀？一学期下来，我深深地感受到，每一位家长和老师的理念都是一致的："好的思想和行为比优异的成绩更重要！""不是自己的东西绝不能占为己有！"再说，平时有那么多学生都能主动把捡到的钱物交给老师呀！

　　难道是有同学恶作剧把它藏起来了？那又会是谁呢？天哪，让老师用怀疑的眼光审视每一个同学，这是一件多么痛苦的事！在老师心目中每个同学都是善良的、可爱的。

　　再说，上次关于有同学作业本被藏的事，已经和大家谈过心。看着同学整整一节课都在寻找作业本的那份焦急和伤心，你还会觉得好玩吗？你愿意自己的作业本被同学藏起来吗？我记得当时大家都摇头了，因为我们都很清楚"己所不欲"的后半句是"勿施于人"。如此将心比心地沟通过，哪怕有过恶作剧念头的学生也应该懂得知错就改了呀！

　　要是水彩笔还不出现，作为大家的班主任，我是多么自责和无奈，一定是我没教育好大家。我一定会伤心难受很久很久。幸好有同学帮忙找到了小丁的水彩笔。

　　现在，水彩笔终于回来了。让我坚信103班的每一个孩子真的都是好样的。今晚，我可以睡得很香甜了。

静静的教室里，回荡着我轻轻的朗读声，闪烁着学生们纯真的眼神。当我读到最后一句话时，学生们都会心地笑了。

随笔连心，愿它化作一缕暖暖的阳光，照亮学生们清澈的双眸！

（李继凤）

一隅绿荫，一路成长

春夏秋冬，四季更替，行走在校园中，总有一抹绿惊艳着大家。尤其是在春季和夏季，阳光的热浪照射着绿叶，光影翻飞，在地面投射出形状不一的光斑，像孩子的笑脸，像跳动的音符，像飞舞的流萤。

它就是我们的好朋友——大樟树。在信达，它是一个故事、一段过往，更是一种未来。

信达和大樟树的故事从建校开始。大樟树作为学生们的好朋友，和大家有着说不完的故事。

学生们在大樟树下拍班级合影、做小小商贸家、跑步、排练、做游戏。大樟树属于每一个师生、每一个学科、每一次活动。它给我们带来了丰厚的绿荫、浓浓的欢乐、巨大的舞台，这是独属于学生们的"英语角"。

大樟树是一个"fashion（时尚）"的巨人。校内校外，一旦有什么新消息，最快知道的一定是它。什么流行，学生们就会和它一起"整"些什么。

恰逢母亲节，学生们会唱 *I Wanna Say Thank You*；宣传防诈骗，我们出演戏剧《三打白骨精》；等到世界杯，足球成为最热门的话题，我们就演唱 *Waka Waka*；世上战争纷乱，我们就唱 *Heal the World*，表达美好祝福的同时，也进行自我疗愈。

在大樟树下，似乎什么都是可能的，学生们的笑脸和勇于尝试便能撑起这一片树荫下的角落。这片角落，也因为学生和老师共同的付出而变得丰富、变得充实。他们赋予了大樟树英语角一次又一次新的"时尚"。

大樟树是一个"open（开放）"的巨人。表演那天，每个年级的学生都可以驻足停留，为其加油鼓劲，欢呼喝彩。

英语角的闪闪发光离不开多才多艺、开朗活泼的外教支持，他们或用霹雳舞，或用热情洋溢的英文歌曲，或用爽朗的人格魅力为大樟树的演出拉开帷幕，与学生们进行自由对话。外教的侃侃而谈和学生们的好奇一起迸发出灿烂的火花。

每一次演出，门票的设计也给学生们带来了独有的快乐。学生们会根据自己的节目、自己的特色去设计独属于自己班级的门票，印刷后，送给自己的同学、学长、学姐和老师。一张门票，是一份心意、一份期待，更是一场狂欢的开幕。

大樟树是一个会"accompanying（陪伴）"的巨人。作为一名老师，教书育人固然是亘古不变的道理，但是总会默默担忧，这些第一次坐进小学课堂里的小朋友，要怎么面对着这学习长路呢？

刚接手新班级时，不管是面对学生们在学习汉语拼音时的畏难，还是面对学生们出现在英语学习伊始的好奇，在开学季的每一天我都很忧虑。但我相信通过努力我们就会消除焦虑。

很快，展示的机会到来了——在英语角里表演节目。我和小学生们一起发起活动，自行组队，选择节目，制作道具，裁剪音乐，积极排练。我一直担忧，小小的学生们真的可以撑起一场节目吗？他们的知识储备够吗？他们能流利地说出英文台词吗？

种种紧张，在班级初选的那一天烟消云散。整整 8 个节目，凝聚了一个班的力量。我惊讶于他们的能干，从演出服、道具的制作到整场表演，他们都可以自己负责。每个节目都很大方、精彩。

瞳是让我印象最深的女孩，还记得家访时，她曾因即将面对新生活紧张得不停流泪。进入小学后，羞涩的性格也让她很少表达自己。可是那一天，她在台上唱歌跳舞，尽管没有话筒，声音却是那么响亮动听。

那一刻，我感受到了她的成长，让我有了一种身为教育者的自豪感，她身上的变化不就是我们共同努力的结果吗？

或许他们的口语表达并不算绝对流利，或许眼神并不够自信坚定，或许也会因为紧张而踩错节拍，但看着他们在英语世界里遨游，让一旁的我和班主任都不禁湿润了眼眶。

我们一直知道他们很努力，是他们一直以来的努力，最终使他们成为舞台上璀璨的小星星。

四季更迭，大樟树永远站在那里，在风中摇曳，在雨中静默，在琅琅书声中等候，守护着我们的英语角，守护着我们的梦想，守护着我们的回忆。

（王晨琳）

一张搬了3年的课桌

小 A 是我带的上届学生中一个特别的学生，他的身材在班里最为圆润。我刚接四年级班时，他只是个小胖子，给不熟识的人一种憨态可掬之感。

临近毕业，他站起身来，已跟我差不多个头，近 200 斤重，旁人见他大多尽力躲闪，生怕有碰撞。你若是想在信达校园找着他，那大多是在 4 班教室角落的那张课桌旁。

平日里若是见到他，他大多埋头在桌前醉心阅读，丝毫不理会身边的嘈杂纷乱，桌上满是从学校各处"借来"的书本，堆叠交错，似一片小山丘。

如果走近观察，你肯定会冒出很多疑问：为什么这桌子这么乱？各种书本怎么不收拾收拾？为什么这书摸上去这么油？怎么桌上会有香蕉皮、骨头还有袜子？

面对这样一张课桌，我相信没有一个班主任，应该是没有一个老师能够忍受得了。在与小 A 相处的 3 年里，我起初是诧异和愤怒的，我时常会板着脸来到他桌旁，催促他收拾课桌，可他整理的速度令人着急。

情急之下，我会让他走开，拿过扫把和簸箕，三下五除二整理干净。这时小 A 总是半靠在旁边的墙上，嘴里不住嘟囔着："那个别丢，这个我要的，那本书我等会儿会还的。"

就这样，我催了一整年。其间，他妈妈也偶尔会在周五下午过来帮忙收拾，但小 A 杂乱、油腻的课桌还是没有丝毫变化，就如同教室中的一座孤岛，显得格格不入。

待到学年结束，我们得换教室了，同学们都在打包物品，可小 A 什么也不做，抱着自己的课桌就打算往楼上搬，不管大家怎么劝他都不理睬。

到最后，他被逼急了，手紧紧抱住桌子，脸上的肉都在抖动，似乎谁要再多说一句就要上前拼命。大家也就只能由他去了。

第二年，这张课桌也陪着他上了楼，我和小 A 以及他父母也熟识起来，逐渐了解到这个孩子的特别之处。

如果你仔细观察小 A，你会发现，已经五年级了，他竟然还经常穿不用系鞋带的鞋子，因为鞋带散了他不会系，披散开来很是麻烦；红领巾除了早上父母帮他系好，来校后如果拿下来了，他只会挂在脖子上；握笔姿势和其他学生相比也很不一样。

五年级开学没几天，小 A 的这张桌子又日渐杂乱，我慢慢走到他桌边，用手指敲了敲桌面，又瞧了瞧他，他很自觉地起身靠边。我倒是没有跟以前一样直接开始清理，而是耐下心来说："去拿把扫把来，我清理桌上，你负责桌下。"

小 A 一听，嘴巴一咧，屁颠屁颠拿来扫把和簸箕，跟着一起清理起来。事后，我捏着手上的一本《如果历史是一群喵》，语重心长地跟他说："一桌不扫何以扫天下呀！看了那么多历史书，这点道理懂的吧！"

小 A 也只是尴尬地笑了笑，挠了挠头。旁边的几个同学则捂着嘴发笑，也帮着我一起整理桌子上油腻的图书。

时间到了五年级下学期，这桌子还是很杂乱，但好在肉骨头之类的东西没有了。只要我来到桌子旁边，小 A 就会主动起身，挥挥手让我走，然后自己整理一番。虽然无法做到大小书分类整齐，但起码进步了不少。班里的同学也会偶尔帮他清理一下桌面。

一次大扫除，小 A 刚好请病假在家，卫生委员和班干部几个人便一起帮他把桌子给整理了一番。本是一件好事，没想到小 A 返校后，却对干净整洁的课桌很不适应，大声在教室里嚷嚷着，怪同学们整理后他的书找不到了。

大伙儿只是嘴头拌他几句，并不跟他多计较，毕竟都一起相处这么多年了，很清楚他的性格。我则耐心地询问了书名，然后从图书角里取出了书，递到他手上，告诉他借阅完课外书要及时归还，抽屉里最多放一本课外书。

小A抱着"失而复得"的课外书，脸上又有了笑容，点了点头回到了座位上。教室里恢复了安静，我搬了张凳子来到小A身边，问道："你除了发现书不见了，对于这张桌子，你还有其他发现吗？"

小A这才仔细打量起桌子来：原先桌上的污垢被同学们细心地用橡皮擦去了，抽屉里大大小小的书都整整齐齐地叠好了，就连小A最常用的几支铅笔也被学习委员削好了。

这时，小A有些不好意思起来，嗫嚅着说："对不起，我太急躁了，不该跟同学们发脾气的，谢谢老师。"我拍了拍他的肩膀，对他说："你更要谢谢同学们。"

时间来到我们相处的第三年，小A仍旧坐在教室最后的那个角落，那张专属他的课桌不细看已经找不到了，孤岛也算是有了停靠。

每到放学整理时间，小A会把桌面清空，虽然只是把东西一股脑儿地塞进抽屉，也算是个巨大的进步吧！

热心的同学越来越多，会有意识地帮他拾起地上掉落的笔，摆好抽屉里斜放的书本。小A也从最开始的不愿接受他人的帮助，到渐渐地学会了接受，甚至在某一天对同学们说出了谢谢。

这张搬了3年的课桌虽然很小，却给桌子的主人和身边的我们带来了很多变化。温柔以待，见己见人。

（刘胡承）

荷花

第七章
一间移动教室：让课堂无处不在

　　信达的"移动教室"旨在拓宽学生的视域，让课堂无处不在。在"移动教室"中，教师们寻找工厂、场馆、社区等资源，开发无边界课堂，给学生们一个生活学习的自由空间。

　　以学习者为中心，以人为中心，这是信达实施"移动教室"的初衷。学校在窗外，世界在眼前，"移动教室"的创建与活动的开展，不仅要有形，更要形神兼备。通过努力，信达的"移动教室"当前已初具雏形。

"一间移动教室"，助力孩子眼观世界

有那么一间教室，它可以不受时间和空间的限制；有那么一间教室，它可以连接课堂与生活；有那么一间教室，它可以让学习小课堂变成社会大课堂；有那么一间教室，它可以打破老师和学生心中的藩篱，让课堂无处不在。这就是信达的"移动教室"。

从 2018 年开始，信达进行了"移动教室"的探索与实践。课堂的视域变大，我们把教室移到学生们的生活中，移到绚丽多彩的大自然内，移到文化底蕴深厚的名胜古迹里，移到那些最能触发学生们思维和想象的地方，整个城市都成了信达学子学习的教室。

从室内到户外，从独立实践到小组合作，从跨学科到融学科，学生们在"移动教室"中发现自我、感知周围，学习压力在盎然的兴趣中尽情释放，思维方式在自主的实践中积极改变，学习潜能在智慧的探究中悄然提升。

从"寻秋之旅"到"走路上学"，从"小孺换牙记"到"我的第一桶金"，从"楼顶植物园"到"心目中的动物园"，从"制作营养午餐"到"设计未来地铁"，从"临平符号"到"地球的模样"，学生们始终坚持不忘本来、吸收外来、面向未来，在继承中转化，在学习中超越。

学生们不断通过自己的眼观照世界，以达三"见"：行见、异见、智见。学生们不仅对事物进行独立思考、分析评价，更能尊重理解并接受他人的异见，且不断迸发出创新性思维和批判性意识。这帮助信达学子拥有了更为宽广的视野和丰富的思想。

"教孩子 6 年，看孩子 16 年，想孩子 60 年。"信达老师始终在思考与实践。这一间间"移动教室"，打开的不仅是信达学子的课堂大门，更是了解祖国、认识世界和畅想未来的大视域。

"课本不是学生学习的整个世界，世界才是学生学习的课本。"信达人不将信达小孺"圈养"在传统意义上的固定教室里，不以教材定义教育教学的范畴，而是"打开"教学内容，更新教学方式，倡导"行走"等体验式的教学实施方式，因校制宜，以人为本，有机创建"人人皆学、处处能学"的非正式学习场域。

换牙的经历、观影的体验；零下 5.5 摄氏度的"迎元旦·微长征"毅行、大明堂前的梅花写生；"地球的'模'样"项目作业、校园里的小小"联合国"、江南水乡文化博物馆、臻元箱包公司、西奥电梯集团；校园的角落、临平山的绿道、艺尚小镇的油菜花海等等，这一切都可以成为学生们学习的场域。

这所有的一切，就像一间间打开的"移动教室"、一本本打开的"课本"，从不同角度满足了信达小孺多元学习的需求。

无论是学校周边资源，还是我们的校园设施，都是信达小孺宝贵的课程资源。学生身处的环境，城市的、乡镇的、农村的，本身就是他们的课本。学生们在学校、社会、大自然度过的每分每秒，看到的一花一树，都是学习的一部分。

从这个意义上讲，作为教育人，我们要重新构思每一天、每一周、每一年的教学。要为学生创设合适的情境，提供适切的素材和支架，让学生自己尝试去发现，让学生自己主动去寻找方法，让学生自主去探寻思路，让学生合作去解决问题。

让学生在"移动的教室"里锻炼自我，在探究中寻求创新，在合作中增进了解。这样的课堂，这样的"移动教室"，才能体现学生的主体性，焕发出勃勃的生机，充满生命的活力与张力。

当然，资源不能滥用，要学会取舍。怎么取舍？那就是以学习者为中心，以人为中心，这也是信达"移动教室"实施的初衷。

学校在窗外，世界在眼前，"移动教室"的创建与活动的开展，不仅要有形，更要形神兼备。通过师生的不断努力，信达的"移动教室"目前已初具雏形。

（赵菊华）

零下5.5摄氏度的红色热情

（一）"欲渡黄河冰塞川，将登太行雪满山"

2020年12月30日晚上8点家中

天气预报显示，第二天学校当地气温将创历史新低——零下5.5摄氏度。

"叮咚，叮咚。"微信信息提示音不断传入我耳中。我打开一看，工作群中异常热闹：

A老师：明天这样的气温，让学生徒步5000米，他们能吃得消吗？

B老师：那些病弱的学生怎么办？

C老师：我们班已经有家长在问了，能不能申请请假不参加？

D老师：……

看着群里此起彼伏的担忧，我的内心更焦灼了。虽然我们班班级群里还是静悄悄的，没有一个家长跟我提出请假的请求，但我知道风平浪静的背后肯定是暗潮涌动。

毕竟学生们大多才刚满10岁，要在如此恶劣的天气下徒步几小时，还要"爬雪山""过草地"等，任何一个为人父母的，心中都得担忧啊。

思虑再三，我决定在班级群里发一则通知。一方面将家长的担忧一一罗列；另一方面告知家长，学校在每一个环节都做了充分的准备，以此打消家长的各种疑虑与担忧。

最后，我鼓励家长给孩子一个自我锻炼的机会。

"叮咚，叮咚。"班级群里的信息提示音接连响了起来。点开一看，所有的家长都表示了理解与支持。

望着群里的信息，我暂时松了一口气，但我知道，困难才刚刚开始。只有确保活动能顺利进行，让家长真正感受到孩子在活动过程中是安全的，才能让家长真正放下心来，理解学校举办"微长征"这一活动的初衷。

（二）"红军不怕远征难，万水千山只等闲"

2020 年 12 月 31 日早上 8 点信达的操场上

绿色的塑胶跑道上结满了冰霜，寒风就像一头发狂的野兽，张开大口，四处乱窜。

跑道上，1043 个小学生身穿红军服，头戴红军帽，手拿小国旗。1043 条鲜艳的红领巾，1043 面鲜艳的五星红旗，1043 张红扑扑的脸蛋，汇成一条条涌动着的红色浪潮。鲜艳的红色就像一团团烈火，给学生们带来了温暖，带来了力量。

郑校长慷慨激昂的开幕词，更是点燃了学生们心中的红色激情。于是，在一片红色的浪潮中，在一道道铿锵有力的踏步声中，学生们顶着如刀子般的寒风，浩浩荡荡地朝"微长征"的目的地出发了。

"红军不怕远征难，万水千山只等闲。"站在"江西瑞金"的桥上，小孺们一个个昂首挺胸，面对党旗，大声地朗诵着毛主席的《七律·长征》。

突然，一道特别响亮有力的诵读声传入我的耳畔。我的视线落在了管同学的身上，平时从不张嘴诵读的她居然张开了嘴巴，跟着同学们一起大声地朗读着诗句。早晨金色的阳光洒在她红扑扑的脸蛋上，闪烁着动人的光芒。

我悄悄来到她的身旁仔细倾听。"更喜岷山千里雪，三军过后尽开颜。"她的声音是那样响亮，是那样铿锵，是那样充满力量。我对她竖起了大拇指。她一见，脸上的红晕就像一朵美丽的桃花，瞬间绽放。我拿起手机，将这美丽的一刻定格，发在了班级群里。

"叮咚"，孩子妈妈的信息随之而来：方老师，谢谢你。昨晚还担心孩子的状态，没想到今天孩子的状态这样好。她很少能张开嘴大声朗读，能看到她这样投入的样子，真的很开心。

从"江西瑞金"出发，经过"血战湘江""遵义会议""飞夺泸定桥"，学生们已经步行了将近 1 小时。

零下 5.5 摄氏度的寒风中，行走的道路上处处都结了冰，道路变得异常湿滑。凛冽的寒风呼啸而来，像一根根尖针扎进学生们稚嫩的脸颊，每一张脸都被迎面而来的寒风冻得通红。

学生们的脚步变得越来越沉重，呼吸变得越来越急促，脸上昂扬的斗志不复存在，取而代之的是疲惫的神情。

在所有同学中，我尤其关注王同学。他的身体一向羸弱，隔三岔五就要生病。我总是时不时地关注他，时刻担忧他可能发生的各种突发状况。

早在"血战湘江"时，我就发现他走路的速度明显变得有点缓慢了，喘气声越来越粗。我悄悄来到他的身边，轻轻地问道："你怎么样？如果身体吃不消的话，我们可以休息一会儿。"

"不用了，方老师！我可以的，您放心吧。"他一脸倔强地望着我，眼中是不容置疑的坚定。

转眼来到了"大草地"，学生们需要在"大草地"上匍匐前进。此刻，"大草地"上的草甸结满了冰霜，草甸残破不堪，结着冰的水泥地裸露在外。我的目光又聚焦到王同学身上，这一关他能顺利通过吗？

"王同学，如果觉得膝盖疼，就走过去吧，别爬了。"我再一次来到王学生身边，发出善意的提醒。

"不！"王学生目视前方，坚定地摇摇头说："方老师，我记得在讲《长征》这篇课文时，你给我们讲过'过草地'的故事。红军战士冒着生命危险也要过草地，现在这点困难算得了什么呢？"说完，他毅然趴了下去，沿着结满冰霜的"大草地"匍匐前进。

"同学们，你们看王同学，此刻的他是不是很像'过草地'中的那个永不气馁的小红军啊！"

随着我的一声喊，同学们的目光都聚焦在了他身上。也不知是谁，带头鼓起了掌。顿时，周边响起了一片掌声。

那一刻，平时腼腆害羞的他就像被煮熟的虾，脸上变得通红，一双眼睛却闪烁着晶亮的光泽。

我拿起手机，将这份美好记录在视频中，发在了班级群里。

就这样，我们一路走，一路"实时播报"；一路观察，一路鼓励；一路"历险"，一路"征服"。

"迎元旦·微长征"毅行活动历时2个多小时，终于圆满结束了。其间没有出现一起安全事故，没有出现一个喊苦喊累的"小逃兵"。

（三）"纸上得来终觉浅，绝知此事要躬行"

2020 年 12 月 31 日晚上 8 点学校办公室

我打开"微日记本"，开始批改学生们的"微日记"。

小公主张同学写道："'吃馒头喽！吃馒头喽！'不知是谁喊了一嗓

子，一个个象征着'忆苦思甜'的馒头很快地分到了我们的手中。'你发现没有，这馒头是甜的！''真的，真的，这是我吃过的最甜的馒头。'看着同学们开心自豪的模样，我也拿起了馒头大口大口地嚼着。我做梦也想不到，原来一个馒头也能吃出山珍海味的感觉。"

懒洋洋王同学写道："今天学校举行了'迎元旦·微长征'毅行活动，一开始我充满了期待，可是当我走到'雪山'时，我的那一股士气早已被磨灭得一干二净。寒风就像一把把刀子割着我的每一寸皮肤。我真想回到温暖的家中，真想回到妈妈的怀抱，真想吃一口奶奶做的香喷喷的饭菜。可是，当我看到比我瘦弱的同学都能坚持住时，我不禁再次鼓起了勇气。"

学霸小刘同学写道："虽然此刻在我面前的并不是真正的湘江，而是一条宽不过几米、结满了冰碴子的非常普通的河道，但是在姚同学声情并茂的现场解说下，我仿佛看到了'血战湘江'时的惨烈，仿佛听到了革命烈士牺牲前那气壮山河的口号声。"

"叮咚，叮咚。"班级群里又热闹开了。家长们也在群里分享了孩子们的活动感悟，惊讶孩子们居然如此能吃苦，并且学会了"苦中作乐"。

合上"微日记本"，关闭微信群，外面依旧寒风呼啸，但我相信这一晚，孩子心中，家长心中，我的心中，都是暖暖的。

（方将妹）

第一个参加教师例会的同学

"各位老师，大家好！我是四叶草小组的代表小欣，今天我要向大家介绍的是我心中的百草园……"一个稚嫩的童声在报告厅里响起。

她深吸了一口气，刚开始的几句还有点颤抖，慢慢地，气息变得平稳，声音逐渐嘹亮。台下的老师们听得专注，开始频频点起头来，不时以掌声鼓励这个勇敢自信的小孺。

这还得从那个阳光明媚的午后说起。那天我和学生们在校园里散步，路过一楼的空地时，我们讨论起这块地可以做什么。有的学生想改造成动植物角，有的想改造成最舒适的写生场所，还有的想改造成中草药园。

看着学生们在兴致勃勃地讨论，我打算再给他们加一把火："如果大家有好的创意，我们可以在班级里比一比，到时候请郑校长来评一评，看看谁的方案不仅有创意而且有很强的可实施性，你们心动了没有？"我的话顿时激起了学生们的热情，学生们纷纷表示要参与。

在接下来的半个月中，我常常看到他们三五成群地穿梭在校园的各个角落忙碌着，有时在采访同学和老师，有时在实地测量，有时在查阅资料。他们也常常跑到我这里跟我分享阶段成果。一切准备就绪，终于到了一展身手的时候，可以在班级正式汇报阶段成果了。

当小欣在讲台上热情地讲解着"我们想为师生建造一个实用的草药园，可以让同学们了解更多的中医养生知识，调理身体健康"的时候，郑校长悄无声息地从教室后门走进来，坐在了最后面，很多同学的目光不由自主地转向身后。此时，全情投入在分享和讲解中的小欣依然声音响亮，感情充沛地说着。

这节课结束后，她告诉我："老师，在前面介绍的时候我有一些紧张，心脏怦怦怦跳得很快，但是看到同学们坚定的眼神时，我就只想尽全力表现得更好。"

"你表现得很棒，郑校长都对你赞不绝口呢。"

"当我听到同学们热烈的掌声时，我就放松了一些，慢慢把注意力都放在讲解介绍上面，逐渐忘记了紧张。刚刚郑校长还拍了拍我的肩膀，我特别激动和兴奋，原来我可以讲得这么好。"

郑校长听了小欣的侃侃而谈，由衷赞叹学生们的创意巧思和丰富知识，希望学生们能在更大的舞台上锻炼、展示自己，于是打算让学生们站在教师例会上，在更多的老师面前自信地展示自己的方案。

当得知自己是第一个登上教师例会的学生时，小欣动力满满，反复斟酌汇报的内容。她一有空就跑来请教我：这一句要不要说，那张图片要不要放，怎样才能更好地表达自己的创意，等等。她已经在台下反复练习了几次，从站姿、手势、表情到每句话的停顿，每一次练习都有进步。

例会的前两天，她问我："老师，我还是有点害怕，怎么办？"

我鼓励她："不要害怕，你准备得那么充分，郑校长对你的汇报展示都赞不绝口呢，你可是第一个参加教师例会的学生，相信自己，你是最棒的！"

于是她攥紧了小拳头，嘴里轻声念叨着："我已经准备得很好了，一定没问题的，我是最棒的。"

终于，小欣登上了期待已久的教师例会，手心里充满了紧张与期待的汗水。她微微颤抖着接过话筒，目光一时之间不知该看向哪里，伴着急促的呼吸声，小欣走向了演讲台。

只见小欣鞠了一躬，深深地吸了一口气，然后举起话筒，开始汇报。慢慢地，小欣渐入佳境，报告厅里时不时地响起热烈的掌声和由衷的赞叹声。看着小欣意气风发、自信坚定地手舞足蹈着，我悬着的一颗心终于落肚了。

信达一直在为学生们创造更多的展示机会，让他们在集体活动中展现自己，获得同伴和老师的认可，直面紧张，克服恐惧，逐渐建立自信，不断成长进步。让学生们星光灿烂，也让他们有成长的足迹可以回望，只要给学生舞台，让他们流光溢彩，他们就能够精彩起来。

（崔娜）

朵朵花开，报春笑未来

给每一个孩子机会，让每一个孩子似一朵朵梅花，让课堂成为竞相绽放的香雪海。

窗外，风呼雪飞，颇有一番"白雪却嫌春色晚，故穿庭树作飞花"的韵味。而此时501班的教室里，学生们正热烈讨论着这一年新春的好光景。那天，也恰逢是2022年新春的第一堂美术课。

学生们你一言我一语，畅所欲言，分享着自己的观点，阐述着自己的理由。

"第一美是下雪。""舞龙灯最美。""超山梅花才是第一美。"学生们对"新年第一美"争论不休。

突然，小高同学凑近我身边，提议道："王老师，我有一个小小的建议：超山的梅花现在开得正热闹，你可以带我们去看梅花、画梅花吗？"

一石激起千层浪，学生们纷纷附议，表示赞同。

"假如我们去超山写生，画梅花，该做什么准备呢？"看学生们个个蠢蠢欲动、饶有兴趣的样子，我发现这好像不只是小高一个人的想法，于是立马抓住机会问。

"我们该先了解天气和温度，超山的地形，哪一块地方比较适合？""多少人去写生？是我们一个班级还是整个年级？""先学一学梅花是怎么画的，比如学习吴昌硕先生的梅花是怎么画的。""用什么方法画梅花？用中国画，需要准备哪些材料？"同学们又纷纷议论起来。

不承想，这样心血来潮的一次提议，学生们却如此在意，如此用心，思虑如此周全。给每个学生自由表达的机会，就可以听见每个学生的声音。

好，这次就听学生们的，让我们的课堂走出固定的教室，组织一场全年级的"行走超山观梅画梅"活动。虽然组织这样一场活动需要与班主任讨论，向校长申请，与超山管委会联系，但为了学生，一切都是值得的。

超山的梅花课堂如期有序开展！

那天，雪止，太阳出，梅花艳，超山呈现了"十里梅花香雪海，千树万树喜迎春"的诗景。

五年级的180多个小孺，带着中国画工具材料，乘坐4辆大巴前往超山。学生们背着画夹，拎着画具，行走在梅花小径上。大家深陷在梅花丛中，闻其清香，又远望梅花，感受十里梅花的如虹气势。

学生们穿过梅花丛，来到吴昌硕先生的雕塑前，静听他的艺术生平介绍，观看雕刻在石碑上的出自吴昌硕先生之手的宋梅。

学生们沉浸在真实的梅花世界中，观察着吴昌硕先生笔下的梅花，感受大师是如何观察自然生活的，又是如何从容地表达自己对梅花的想法的。

学生们参观了一圈，最后来到大明堂前的庭院，这里右前有唐梅，左后有宋梅，恰有一处可以容纳几百人的空地。于是，学生们席地而坐，开始观察梅花。

该怎么观察梅花、画梅花，学生们犯怵了，有的仰望着梅花，有的耷拉着脑袋沉思，有的眼巴巴地看着老师。

"来，走近梅枝瞧一瞧，你们看看梅枝是怎么生长的。"我请几个学生来到梅树下，摸一摸树干，一起仰观梅枝。

"大家能给自己找到的梅花树枝的生长姿态取个名字吗？""同学们看，它从这里开始生长，又从那边穿插而过，这儿又是一根小枝，像一个'女'字。"

"这里的梅花枝干长得很像王羲之的'之'字。""这个梅花枝是 S 形。""我看到的梅花枝是两把镰刀相互交叉的形状。"……

不同的学生用自己的眼睛观察，发现了不同的梅花枝干生长的态势。在纷繁复杂的穿插变化中，学生们找到了自己最喜欢的三两枝。

观梅、赏梅后，学生们纷纷取出宣卡纸，衬至梅花枝干后面，试着找一找梅枝在画中的位置。

他们又想起了水墨课堂上欣赏过的吴昌硕先生的梅花作品，梅枝、梅花都有一个巧妙的位置。

学生们凑到梅树下，闻一闻花香，摸一摸花瓣。那一双双眼睛，是那么灵气，闪烁着智慧的光芒。

"梅花是粉红色的，有 5 个花瓣。"

"我这边看上去只有 3 个花瓣。"

"这一朵是侧面的，这一朵是背面的。"

"前面那一棵是淡绿色的。"

学生们围绕着梅树，议论纷纷，他们寻找着、思考着，按捺不住地发言，积极展现信达小孺的那份自信大方。

他们活跃的表现、精彩的回答，引来超山游客的纷纷驻足，夸赞声如潮水般涌来，这更加激发了学生们的创作欲望。

课堂，本就该以学生为主导，给每一个学生发光的机会；课堂，本就因学生的多多参与而更精彩。

"超山的梅花真的好美，老师很想来画一画。"我忍不住示范。

我站在 1.2 米 ×2.4 米的毛毡大板前，执笔蘸墨，观察梅枝，想好画面，蘸水舔墨，调锋落笔，穿插枝干，勾线点色，把学生们尝试的一段花枝融入其中，题字"超山梅花香雪海"，钤印。一张 2 米长的梅花图就完成了。

学生们很是佩服，一个个都跃跃欲试。

他们三五成群，四六分组，寻找合适的写生地点，围坐在梅花旁边，仰观俯察，相互讨论。定梅枝、梅花位，下墨留痕，一边观赏梅花，一边写生。最后题诗落款，根据自己的观察、自己写生画的梅花，选用自己认为最合适的古诗来对应。还有学生自作诗一两句：红花不语三春到；梅花傍春艳阳天；新枝三春翠欲滴；寒风迎春淡墨痕；等等。

不得不承认，学生就是天生的艺术家。沉浸在超山梅花中，每个学生都有自己的观察、自己的理解和自己的选择，都想表达和释放自我。一场写生，有了名人的熏陶，有了实地的观察，有了灵感的迸发，最后，每一个学生的作品都是大作。

一场说走就走的写生课堂，留下了太多精彩，也带给我深深的思考：课堂源于生活，也该运用于生活，多带学生出去走走，让更多的学生观察美、欣赏美、表达美、享受美，个个出作品，人人学开心。

（王晓文）

诗画江南水乡情

小朱是我们班上的风云人物。他的风云不是因为学习成绩优秀，也不是因为有过辉煌的事迹，更不是因为调皮捣蛋，而是因为他在我们班里有个响当当的名号——"树懒"。

凡事慢悠悠，对任何事情都不怎么提得起兴趣。好比人家已经坐上了快艇，他还乘坐着小木舟优哉游哉地泛游湖上。

这个"五一"假期，学校组织了一场寻根之旅。我们带领学生来到江南水乡文化博物馆，去追寻水乡的文化踪迹。

一进博物馆的大门，学生立即三三两两地组成了兴趣小组。有的直奔专题馆，有的四处探寻踪迹，有的和同学激烈讨论。

女孩子们在服饰和首饰面前津津乐道。而男孩子们则对形形色色的桥梁建筑更感兴趣，在各种模型前指手画脚。

看着他们专注的眼神，听着这些生动的观点，我暗自肯定在这场寻根之旅中，学生们定有收获，并且不亚于以往任何一次参观。

然而在众多讨论的身影中，唯独不见小朱的身影。他保持自己一贯的风格，看看自己的脚，抠抠自己的指甲，没有融入同学之间的意愿，对展柜中的各类藏品，他也不是很感兴趣。

我走上前，轻轻拍了拍他的肩膀，询问原因。

"小树懒"表示，这里他和爸爸妈妈已经来过不止一次，他的脸上更是写满了"无聊透顶"。我只好在一旁陪着他，安慰道："我们先去走走吧，万一有什么新的发现呢！"

也许是看在我的三分薄面上，他坚持了下来，漫无目的地穿梭在人群中，时不时打个哈欠。这不免叫我有点尴尬。内心思忖：这样半天下来，对他来说可太煎熬了，该怎么办呢？

转来转去，最终我领着他来到了镇馆之宝面前。这是国内最长、最完整的史前独木舟。这要是再激发不了他的兴趣，我只能尴尬地陪他一整个上午了。

我鼓起勇气牵起小朱的手，声情并茂地告诉他："你知道吗，这艘船是从我家那边挖出来的，当时我还在上初中呢！"他朝我看了一眼，没有吭声。

我继续自顾自地诉说着："这艘独木舟距今可有 5000 年的历史了，那时候人们可能还住着茅草屋，连像样的工具都没有，更没有现在的钉子、锤子……"

说到这，小朱的眼神中终于透露出了疑问，开口问道："那他们是怎么造出这艘船的呢？"

"肯定用了一些工具的，你可以去找找同时期祖先的工具呀！"

"这船这么长，他们一定找到了一棵很大很大的树，可是他们是怎么把它砍下来的呢？"

说实在的，我也无法回答，我顺势鼓励他："你的问题太有深度啦，老师也不知道，自己去找找答案吧。"

尽管依旧像只树懒，依然慢悠悠，但我发现他有了一点变化。他的眼神不再空洞，而是有了好奇的目光；他不再走马观花，而是开始驻足沉思；他不再形单影只，而是开始融入其他学生中。

半天时间里，他就想搞懂"那时候的人们没有工具，没有钉子、榔头到底是怎么造船的"这个问题。他开始在整个场馆里找寻各种史前人类使用的工具。

看到似乎能用于造船的工具，他便用电话手表拍照记录。看到不同的船，他比别的孩子观察得更久。我不知道他究竟在思考什么，也许是船的构造，也许是造船的材料，又或许是在想象古人乘船出行的模样。总之，他关注的不再是自己的脚了。

在这场寻根之旅中，学生们有探究、有讨论、有发现，收获满满，而我也同样收获了惊喜。

最后，我问学生们："在这堂特别的课程中，什么让你们印象最深呢？"

各种各样的回答声不绝于耳。

"我们的祖先造房子的时候都会考虑排水设施。"

"普通老百姓的衣服和电视里的不一样，都是方便干活的。"

"江南也有很多美食，粢毛肉圆原来古代就有了。"

"哪儿都有船，江南水乡的百姓离不开船。"

返校途中，我也终于等到了小朱的回答。他在我的耳边轻轻地说道："第一艘木舟和最后一艘船是很不一样的。"

"不一样在哪？"我追问道。

"很多呀，最早的船就是用一根木头挖个洞。另外，结构也不一样，后来的船都用榫卯结构，这个我在精工课上学过，榫卯结构特别牢固。我们的祖先真的很有智慧。"

"下回再来，我一定要再带爸爸妈妈来看看这些船，告诉他们从第一艘木舟到最后这条船相距了几千年！水乡的人是离不开船的，现在我爸爸厂里的很多货物也是用船运出去的！"

是啊，从木舟到未来之舟，这场寻根之旅带给了小朱新的学习方式，带给了学生们文化自信，带给了我们对于课堂形式新的启示。

（张萍）

相信的力量

5月的阳光并不如夏日那样炽热，但依旧传递着明媚的温暖，从天空洒落而下。

这一天，小伙伴们面临着新的挑战——"地球的'模'样"项目作业。这次的任务是以"介绍地球"为背景，以模型的形式来呈现的。

"大家可以自由分组啦。"教室里一下子炸开了锅。

2分钟时间一到，同学们已经分组完毕。环顾一周，我发现每个组里都有一个比较能干的同学，比如一组里有最强大脑，二组里有操作小能手。

然而，观察下来，我发现有个小组只有腼腆的毛毛、内向的小瑜儿、聒噪的小雅、"手残"的小吕。她们竟在一个组里！

4个小姑娘性格迥异，做事方式各有风格，我的内心隐隐有些担忧，她们能完成吗？

随着组员的落地，小组马上开启了讨论模式。

讨论声此起彼伏，有时激烈，有时平和。然而，小吕她们组却异常安静。"你们讨论得怎么样了？"我小声问道。她们面面相觑，低下了头。

随后，冒出一个小小的声音："我们不知道做什么？""可以翻翻科学书，你们一定可以找到感兴趣的内容。"我补充道。

我回头一看，小雅正一边翻着书，一边提出自己的看法。见此，我的嘴角不自觉上扬。

第二天，组长小吕找到了我："丁老师，我们已经想好要做'地球的内部结构'了，我们翻阅了科学书，想将橡皮泥捏成不同的厚度来模拟地球的三层结构。"

"嗯，我觉得你们可以跟书上不一样，再去找找资料，看看其他材料，比一比哪种效果更好。我很期待哦。"我笑着回答道。

第三天，小吕高兴地对我说："我们找到了亚克力球，这种透明的球正好可以模拟地球。"

"真不错，有没有想好怎么体现地球的三层结构呢？"我追问。"嗯，我们想用 3 个不同大小的球来模拟 3 层不同的结构。"她的声音更大了。

"如果 3 层结构能体现在一个球上就更好了，我想你们还会继续思考出更好的方案。"

又过了几天，小吕发了条信息给我："丁老师，我们的作品基本上好了，还有什么可以改改的？"没有看到她们的作品，我不知道怎么给建议。

于是，我结合她们的材料特点，提出了意见："不妨加个灯光的效果。""怎么把灯加进去？"她快速回复我。"相信你和你的小伙伴们一定能完成这个挑战。"我回复道。

一周后，在学校的二楼大厅里摆满了学生们的作品，有地球的内部结构、中国地形、安第斯山脉、天池，还有各种形态的火山结构。

小吕那组的作品正被人群围观。我踮起脚，看到了她们的作品。一个球形的结构搭在木质支架上，圆球表面凹凸不一的肌理，配合上灯光的照射，将地球表面形态不一的特征展现得淋漓尽致。

这时，还在惊讶中的我被一句话打断："这个是从哪里买的？"

有人说："扫一扫作品上面的二维码。"我拿出手机，跟着扫描了二维码。

视频中，4个女生围坐在一块，借助黑板和一个地球仪，一边画图，一边讨论，脸上洋溢着笑容。画面一转，4个文静的小姑娘正手拿锯子切割着一个透明的亚克力球，短短几分钟时间，一个边缘整齐的圆弧就轻松脱离了原物。

随后，4人分工将代表不同结构的光影纸按比例裁剪下来。更让我惊讶的是，作品表面的逼真纹理也是这4个小姑娘亲手制作的。只见4个小姑娘将餐巾纸与白乳胶混合均匀，随后粘贴在透明的亚克力球上，制造出不同层次的效果。

然后，她们用笔逐一描绘出不一样的轮廓并上色，历经几个小时的精雕细琢后终于完成了。伴随着一声"啪嗒"，作品配合灯光的照射，展现出惊艳的效果。太有创意了！

"哇，没想到这是她们自己做的，太厉害了！"同学们惊叹不已。"快看，她们过来了！"有个男生指着走廊说。

4个小姑娘眼神坚定，面带微笑地走到作品旁。小吕大声介绍了这次作品的主题。小瑜儿骄傲地告诉大家，作品是独立完成的，家长们仅帮忙采购了材料。毛毛指出了作品的独特之处，她们为了呈现出真实的效果，不断尝试、学习、创新。小雅谈到了刚开始的困难，她们经过一次又一次的失败，最终坚持了下来。最后，组长小吕反思了这次作品的不足，提出了改进的地方。

"呼——"4个小姑娘深吸一口气，脸上绽开了笑容。

大厅耀眼的灯光宣告着4个小姑娘的蜕变。看着她们自信的模样，我明白了：哪怕孩子微小如花，也要坚信他们一定能散发出芬芳。

（丁慧娇）

校园里的小小联合国

在学习的过程中，知识不仅来源于书海，碰撞于教室，也取材自我们身边的人。

在信达的校园里，有这样一个"行走的"英语学习资源库，那就是外教老师。他们风格迥异，怀有十八般武艺，在口语外教课、美术外教课、体育外教课等课程中，带领学生们透过世界之窗，一睹中外文化交流迸发出的炫目火花。

通过与他们的接触交流，我们培养出了具有"孺见"精神、能见"外来"的优秀少年。

（一）"缪斯女神"Dasha

一张瓜子脸，一双深邃的眼睛，高挺的鼻梁，穿着时尚，所到之处皆能成为人群中的一抹焦点。这位年轻的美女老师便是我们的美术外教老师 Dasha。

学生们非常喜爱 Dasha，爱她的美丽大方，爱她的自信明媚。她的双手仿佛充满了魔法，为学生们打开了西方美术世界的大门。

一次，Dasha 故作神秘地请学生们在课前准备好一些红色卡纸和棉花，这不禁让学生们感到疑惑而又期待，纷纷猜测起 Dasha 的葫芦里究竟卖的什么药。

美术外教课终于到来，只见 Dasha 将红色卡纸剪成翻折的半圆状，马克笔游走一番，棉花粘粘贴贴，浮现在学生们眼前的，竟是一个立体圣诞老人贺卡！

学生们恍然大悟，原来再过几天便是西方的圣诞节！他们期待着"圣诞老人"在夜晚爬进烟囱留下礼物，却还没想过给"圣诞老人"写一封信呢！

于是，在 Dasha 的引导和示范下，学生们在亲手制作的精美卡片上挥洒着童真，抒发着感恩。

Dasha 的魔法不止于此。在她的课上，学生们见识了色彩鲜明的波普艺术和抽象生动的毕加索肖像画，尝试过在随机泼墨下创作一幅数字动物画，或"反客为主"教 Dasha 如何制作窗花。

丰富精彩的美术外教课如同开盲盒一般，成为学生们每周的期待。

学生们爱 Dasha 的才华，更爱她的包容。起初，面对如此新鲜的艺术风格，害羞的学生总是不敢落笔，怕自己用错了"公式"，达不到"标准"，但 Dasha 给予每一个学生的创作最充分的尊重与最诚挚的欣赏。

她包容学生们的谨慎与羞怯，给予耐心的鼓励，使得他们勇于发挥自己的无限创意。连年级里总爱课上出走的"刺头"小包，都在 Dasha 的循循善诱下爱上了绘画，寻觅到了一方乐土。

Dasha 说，学生们的天真与想象力总能融化她，她如"缪斯女神"春风细雨般的教导又何尝没有滋养学生们的心灵呢？

（二）"街头舞王" Tyrone

在我们的校园里，有一个身影宛如 100 摄氏度的加热器，一出场便能引爆全场的气氛。

这不，在"大樟树英语角"的舞台上，重磅嘉宾 Tyrone 老师来啦！Tyrone 是学生们的口语外教老师，他的个子很高，一年四季都戴着一顶黑色小帽子。每次见到他，他都会颇具绅士风度地点头微笑，黝黑的皮肤衬得一口白牙闪闪发光。

只要 Tyrone 一出现，现场立刻就会变成"粉丝见面会"。学生们被他有趣的主题和课件吸引，跟随他的节奏"在玩中学"，仿佛只是开启一个故事或完成一个任务的工夫，就能自在且享受地进入英语复习与口语交流的过程中。

热闹活跃的氛围，也引得其他老师悄悄围观，想要向这位外教老师取取经，如何让上课铃声成为学生们的期待，让下课铃声成为学生们的不舍。

学生们成为 Tyrone 的"粉丝"，还因他另一个令人着迷的宝藏身份——"街头舞王"。许是流淌在血液里的基因，Tyrone 能够随时随地伴随音乐舞动。

Popping、Wave、Breaking，任意一方空间都可作舞台，他的骨骼灵活、动作丝滑，有时他将帽子做道具，从他纤长的手臂这头转至那端，舞动的 Tyrone 简直令人惊叹！

学生们潜移默化地被 Tyrone 身上散发的率性、洒脱与自信所影响，忘记彼此间肤色、年龄与身份的差异，大方主动地与其进行英文交流，与 Tyrone 亦师亦友。

（三）"汉语桥" Alexandra

与 Dasha 的"古典文艺风"不同，同为金发碧眼的 Alexandra 走的是"运动休闲风"。在校园里，她总是束起高马尾，背着双肩包，穿着短袖、短裤、运动鞋，让人一看便知她是一名体育老师。

由一名热情开朗的体育外教老师授课已然十分"炫酷"，再加上这是一名张口便是"汉语桥"的外教老师，必然会产生不一般的化学反应！

Alexandra 给自己取了个中文名：萨沙。课间学生们最喜欢同萨沙聊天，听她嘴里蹦出的儿化音、平翘舌，虽然些许生硬但十分流利，毫不违和。

遇上汉语盲区时，萨沙便大方求知，向学生们请教："How to say ... in Chinese？"英语程度好的小朋友会立马跳出来充当翻译，英语程度一般的则会急寻英语老师的帮助。

当然，萨沙也会避免频繁地和学生们用中文聊天，偶尔还会假装自己不懂某个词语或句子，以此来激发学生们的表达欲望。

还别说，这样的语言互动比做一份练习有趣得多。学生们为了能够当萨沙的汉语老师，燃起了英语学习的熊熊热情，也更直接地感受到英语学习的实际应用意义。

如果你来到信达校园，或许就能在转角处碰到萨沙，她会和你热情地挥手寒暄，问："吃了吗？"

信达的小小"联合国"里，还有毕业于中国美术学院、操着一口地道中国话的国画大师 Gobinda，集帅气与才华于一身、能够把教学内容弹进吉他编入歌曲的"音乐家"Sean，等等。

来自世界各国的外教，让信达学子足不出校园，便能"日行万里"，体会不同的文化风格，接触广阔的知识领域，做文化碰撞的亲历者。

（马袁婷）

行之旅·心万里

在临平山绿道上，有这样一群可爱的小人儿。他们一路上走走停停，跨过彩虹桥，驻足纪念碑，穿过冰谷泉，登上东来阁，迎着清风徐徐，惊叹绣球翩翩。慢慢地，他们停下脚步，探文化故事，寻自然声音。

（一）我和伙伴：行"启"心"齐"

石桌边，小伙伴们围坐在一块儿，对一路的所见所闻展开一阵头脑风暴，最后商量着是否可以深入研究绣球花，为临平山的绣球花制作一块独特的标示牌。

于是，大家结伴上山寻找更多绣球花群。唯有小芮一人仍呆坐在原地，手里紧紧攥着项目启动单，眼神透露着局促与不安，原因是自己不能很快地跟上大家的节奏，不太清楚自己的具体分工，也没有要好的组员带带自己。

最后，小组的活动成果自然也是在东拼西凑中草草收尾。

原来，我们的行走之旅只是搭伙结伴，行在一起，心并未"齐"。

根据本次小组活动的初步成果，我发现学生们对内容的梳理和知识的学习都不在话下，但小组内部分工和统筹安排倒是成为项目成果输出的最大阻碍。

粗糙的标示牌制作、单调的内容排版、缺失的必要元素，都从侧面反映出学生们在小组合作学习时缺乏独立性、自主性和支撑力。

雷夫·艾斯奎斯认为，作为一名老师，能给予学生自己能力范围内最宝贵的东西就是时间。

于是，我决定重启活动，给足学生时间和空间，进行全面复盘，指导反思，让学生们重回小组，再次去经历、去感受、去体验，因为过程就是一切。

（二）我和家人：行"进"心"尽"

当一个小分队愿意努力、准备付出并决定重新起航时，内部又总是会被某些暗潮涌动的力量冲散瓦解。

"今天放学有时间吗？我们一起再讨论制作一下吧？"组长询问道。

"我妈妈今天说要加班，没时间帮我。"一名组员忧愁地说。

"我妈妈说，她不知道怎么做！"一名组员很无奈地说。

"我爸爸今天没时间来接送我。"一名组员摆摆手。

"项目化作业进展如何？"我开始询问各小组组长。

"我妈妈昨天发烧了，她说太累了就睡了，所以……"一名组长着急解释道。

原来，我们的行走之旅竟"塞满"了爸爸妈妈。爸爸妈妈曾经的正向支持正以一种反向姿态化身为孩子的完美借口，很多孩子自然将自己置身事外了。

于是我迅速召集各组长召开项目进度汇报小会。组长们有的沉默不语，从中我看出了他们的一筹莫展；有的支支吾吾，我深知他们的迷茫为难。

但也有的侃侃而谈的，我感受到了这个小组的自信与坦然。他们是这样表达的：

"我们小组昨天在晓风书屋进行了讨论，已明确各组员的具体分工，小敏擅长画画和手工，负责绣球花的绘制和装饰手工；小英书写漂亮，负责标示牌文字编辑；小颖家里有木板材料，负责标示牌模型制作……对了，我们也利用课间一起商量了文字内容。"

听了这样的进度汇报，其他小组似乎对自己的项目又重拾希望。课间，我看到他们召集自己的组员围坐在一起，商量着，探讨着，信心和灵感又一点点回来了。

我发现他们交流时所用的主语已经从原来的"爸爸妈妈"转变为"我和我们"，学生们逐渐认识到"我"在行走之旅中的角色与定位：我才应该是主角，是主演，是主导。

作为一名老师，我总是将这些行走的机会视为强化教室教学的无价机会，相信学生们认真专注的经历和尽心尽力的过程会带给他们宝贵的收获。

（三）我和作品：行"至"心"致"

学生们惊喜地在项目作品展厅里找到了自己的作品，所有的标示牌都被陈列与展示：中英文对照下的枫树牌、文字娟秀的刺黄柏牌、立体装饰的绣球花牌、赋二维码的杜鹃花牌等。

学生们通过不断分析、研究、拆解、构建一个作品，让自己的行为、经历和内心得以充实与丰盈。

原来，我们的行走之旅是一次自我修炼与不断完善的过程，在一点点改进、一次次完善优化后，作品得以成功展出。

但我们不应该忘了，最初那块有点粗糙、略显随意的标示牌。两者的反差与距离就是自己成长路中一步一个脚印的见证！

作为一名老师，要积极引导学生真正投入并沉浸到小组合作探究中去，其目的不仅在于完成当前任务，更在于鼓励学生不断努力达到自己力所能及范围内的极致。

心之所向，行之所往。这样的行之旅存在于日常生活的方方面面。

（葛园园）

一场箱包设计之旅

"生命的能量在脚下，最好的课堂在路上。"学生们每天都要背书包上学，他们对包的了解又有多少呢？花时间去研究这个既熟悉又陌生的家伙，应该是一件有意思的事情。于是，一场箱包设计之旅开始了。

（一）课堂"远"一点

一次全新的体验，令教室里的学生们既兴奋又惊喜。

箱包设计任务发布后，学生们都行动起来，或讨论方案，或分享设计，异常忙碌。

他们端坐着、聆听着箱包的前世今生，小组合作，交流自己收集到的箱包历史相关资料，整理图片，展开头脑风暴，设计着一款款未来的箱包。

但在教室的后面，有一个小组却迟迟没有行动，组员们垂头丧气、愁眉苦脸，似乎不知从何下手。

小范见我走近，像是抓住了一根救命稻草，立马叫住了我："沈老师，我们都没有实地考察过各种类型的箱包，怎么画得出来呀？"

学生无意间的一句话，点醒了我："对啊，没有真实的体验，就没有大胆的设计。只是依靠理论的分享，终归是'纸上得来终觉浅'啊！"课堂是不是应该"远"一点，再"远"一点？

（二）体验"加"一点

去国际化的箱包品牌展示厅上课吧！就这样，信达小孺走进了臻元箱包展览厅。

"这么多箱包够我们学习的了！"

"哇，可以亲临现场，我得好好观察观察！"

"臻元箱包，我知道！他们设计的良渚元素箱包是奥运代表团专用行李箱呢！"

学生们你一言我一语地议论着，他们的眼里流露出对新知的渴望。

随着工作人员的讲解，"臻元"的文化理念、审美价值流淌在学生们的心间。现场有这么多包，学生们看得眼花缭乱。

小明指向墙上挂着的大方包，询问道："老师，这个包有什么用呀？"工作人员缓缓地将其取下并展示给学生们看，这是一款冰包，具有良好的保温性能。

工作人员边说边拉下拉链，给学生们展示内部构造，特殊的隔断材料、复杂的结构，看得学生们惊叹不已。

除了功能先进，臻元还加入了迪士尼、哈利·波特，甚至是良渚文化元素，从"代工大户"到"自主品牌"，臻元公司走上了品牌之路，同时还做到了不忘初心，不断地为国家做出贡献，在国际上获得了良好的声誉。听到这里，学生们的民族自豪感油然而生，他们认真地说道："我以后也要努力学习，争取成为一个能为国家做贡献的人才！"

体验，胜过一切说教。看着学生们真切地体验，学到了知识，我也明白了这句话的重要性：不是让课本成为孩子的世界，而是让世界成为孩子的课本。

（三）能力"提"一点

"每个孩子都有自己独特的闪光点。"

小范同学是我们班上一个特殊的学生，初次见到他，他给我的感觉就是"调皮、捣蛋，做事情总是爱偷懒"。我私下从其他学生口中得知，小范在他们心目中的形象是"傻""笨""懒"。听了他们对小范的评价后，我惊呆了，他们竟然给小范贴了这么多标签。

但之前我就发现小范在设计方面有着自己的天赋，我一定要让他切身体会到自己的优点。

看到小范耷拉着脑袋，无所事事的样子，我知道他又在一旁偷懒了。上前一看，果不其然，别人画什么他就跟着画什么。这怎么行。我上前问同小组的学生，小范为什么这样。学生们纷纷说道："他太异想天开了，我们觉得不行。"

我悄悄将小范拉到一旁，让他说说自己的设计，我相信这孩子是有天赋的。起初他仍旧一脸沮丧，说着说着，看我不加以否定，他越来越起劲了。

顺势我也提出了一些自己的意见，就这样，我和小范似乎组成了小组。在交谈中，他时而紧皱眉头，时而流露出自信，时而对我的意见进行反驳。在我的鼓励中，小范将自己的想法画了出来。

为了更好地展示学生们的创意，暑期我们举办了一场模拟竞标会，每一个学生都创意满满。其中，小范同学想为新一代的信达大孺设计一款专用旅行箱。

行李箱外观融合了亚运元素，这是整个旅行箱的特色之一。整个旅行箱科技感十足，配有冷藏装置、导航系统、红外线探测器、蓝牙播放器、充电装置、智能解锁等新型功能，这样的新型旅行箱满足了不同人群的不同需求。

不出意外，竞标会上，小范获得了最高分。其他学生也纷纷对小范的作品发出赞叹："哇！小范设计得好别出心裁呀！""太厉害了，小范！我真的对你刮目相看啦！"

虽然我看到的仅仅是一场竞标会，但是真正的功夫在"会"外。这一切和他们的实践收获是分不开的。放手，让能力在体验中提升！

"知者行之始，行者知之成。"墨家认为获得知识的理解有亲知、闻知、说知3种途径。学生对知识的学习不只在学堂，在环境中经历更是一种学习！

（沈侃乐）

一只误入"画卷"的七星瓢虫

"哇，你快过来看，这就是我画的油菜花。"随着小跳的欢呼雀跃，大家都被展示在走廊上的画卷吸引了。

"你从哪里看出这是你的作品呢？"我仔细地观察了一番，并无任何姓名备注，于是我笑着问眼前这个满眼欢喜的学生。

"这里，这里，这是我画的紫色油菜花。还有，老师，你看，这是一只七星瓢虫。"小跳眉飞色舞地跟我们介绍了起来。

看得出来，这小家伙非常满意自己的这幅油菜花写生，我也不由得回想起写生当天的情景。

4月，春暖花开，学生们迫不及待地带上画笔，带上春光，走进油菜花海，去赏花、画花。

来到油菜花海，大家被眼前这一片海浪似的金黄震惊了。学生们在美术老师的指导下，学习了油菜花的画法，随后就投身到花海中近距离地去赏花了。

看着他们三三两两地在花海中时隐时现，我的目光一直追随着班里那几个小调皮的身影，特别是可爱的小跳。一方面我生怕他太过于"喜爱"，动手把花折下来；另一方面也担心他过于热情，为了更近距离欣赏花，动手"解决"阻挡自己的其他小伙伴。

"老师，油菜花不只有黄色，还有粉色和紫色的。"小跳具有穿透力的声音从花海中传了过来，"我看到小蜜蜂在采蜜呢！"

像是突然想到了什么，小跳又把声音降了下来，好似生怕打扰到勤劳的小蜜蜂。我看到他静静地注视着眼前的一切，连蝴蝶飞过他的身旁，都没能打动他。

"我要马上把它们画下来。"话音刚落，小跳便从花海里飞奔了出来。这个急性子的画家呀，我暗暗想。

花海田边的人行道上，已经为学生们铺好了长长的画卷。学生们一个挨着一个，热热闹闹的，准备作画了。他们或蹲或坐，你画一笔，我添一色，细细点缀，用稚嫩的笔触描绘出油菜花的姿态。

"我要把那株最美的粉色油菜花画下来！""我要画正在采蜜的小蜜蜂。"一个个小小的黑脑袋攒在一起，一边画一边开心地分享着自己的想法。

突然，一声尖叫打破了这安静和谐的氛围。我闻声赶去，原来是一只七星瓢虫误入了学生们的画卷，刚好掉在小跳的面前。

我想起之前的种种，小跳经常把小花园的树枝和花草折下来，很多次捏着小虫子吓唬其他学生。预料到接下来可能会发生的大骚动，我正准备告诉学生们七星瓢虫是益虫，我们要爱护它。

"哇，这只小虫子好可爱啊，它一定是喜欢我们画的油菜花才来的。"小跳开心地说道，"可能是我们画的油菜花太香了。"学生们都笑了起来。

"我们轻一点，别吓到它了。"小跳放低了声音，提起手里的画笔，让这位不速之客成为自己画卷中最美的小意外。这只七星瓢虫成了学生们最特别的模特。

我微笑地看着可爱的小跳在大自然的这个教室里，一笔一画地勾勒出最美的画作。看着他闪亮的眼睛、嘴角不曾消失的微笑，我也同他一起陶醉在这满目灵动的春色之中。

飞云之下万物生，大自然是最好的老师，所有的形式和颜色都来源于自然。学生们绘的不仅是一花一草，更多的是学生们心中对春天的赞美，对大自然和生活的热爱。

从美术教室移动到广阔的油菜花海，突破空间，让学习在真实的场景中发生。

这个春天，在这片花海，和这群可爱的学生一起，我们画的不仅是画卷，还有春意浓浓下的点点爱。

（吕静）

在信达，一起
看见孩子，
看见教育

（一）因为看见，所以美丽

不同的时间、不同的场景、不同的人物，教育的开篇必然不同。

2019年8月，我调任信达外国语学校。来到校园，我第一眼看见的是一幅书法作品——《孺见》。"孺见"这个词得自一次学校的报名征集活动。2016年，为了让学生的阅读和写作有显性的载体，学校准备办一份纯文学报纸。报名谁来取？既然是学生的报纸，当然要由学生来命名。一个星期后，学校收到了上千个来自学生的报名，其中"孺见"得到了大众评委的一致认可。"孺见"是石再同学和他爸爸一起想的："孺"代表小孩子，"见"是看见。这个报名内含家长的美好愿望，希望能"以孩子的眼，凭孩子的智慧，记录孩子看到的世界"。就这样，《孺见》成为学生自主创作、记录世界的文学报纸。

听完这个故事，我的信达教育情结就此生发。陶行知先生曾写过一首《小孩不小歌》："人人都说小孩小，谁知人小心不小。你若小看小孩小，便比小孩还要小。""孺见"，是对教师儿童观的诠释，是教育最应该坚守的立场。看见孩子，看见每一个孩子；看见老师，看见每一次教育发生的瞬间。从此，信达师生有了2个独特的称呼：大孺（教师）和小孺（学生）。教师以平视的姿态与孩子一起成长。立足当下着眼未来，为孩子的全面发展设计、实践"信达小孺必做的37件事"；开发117个"孺见"社团课程，充分给予"小孺"自主选择的机会，"小孺"通过选择明白"舍得"和"珍惜"；一届一届少代会，诞生"孺见"移动教室，设立"无作业周末"，开辟楼顶小农场，建起"勇敢者"小树屋……信达"小孺"真不"小"。

因为看见，平凡的教育可以变得美好；因为看见，沉重的教育可以变得明亮。看见，可以让教育心灵相通。信达教师由此逐渐形成了一个信念：孩子很小的时候，给他们培土，深扎根基；等他们长大了，帮他们打开窗户，扇动翅膀。"大孺"就这样怀揣童心，做"小孺"的陪伴者、滋养者，陪伴孩子一起看世界、见未来。

（二）相信时间，相信孩子

教育是平凡的，需要动手添加一点儿浪漫的力量，才能把每一次的教育变成诗和远方。这样一日一日、一年一年清晰而深刻地留痕，待经年之后回首，会发现教育是值得我们相信的。信达的教师们就是在日常的工作中，怀一半诗心、一半匠心，深耕不辍。20多年的备忘录、20多年的A4作业纸，怀着童心，藏着爱心，守着坚持。

一次，双木老师跟我分享了她的"备忘录"故事："我在信达的第一届学生，牛津大学硕士毕业的小何要结婚了，何妈妈过来送请柬邀请我参加小何的婚礼。何妈妈说到一个细节：因为几次搬家，小何从小到大跟学习有关的书本、资料被清理了，唯一留下的是小学6年的'备忘录'，按时间顺序整整齐齐地做成了厚厚的一本。翻开任何一周'备忘录'，小何当时那一周的小学生活似乎就在眼前，他们准备在婚庆典礼上作为童年记忆播放。"10多年前，双木老师以铅印的文字，把每一周的教育理念、孩子的学习状态、班级的教学叮嘱总结起来传递给孩子和家长。多年以后，"备忘录"继续影响着这个家庭，那些年的教育细节成为师生之间一辈子的情感纽带，影响不可谓不深远。

一次，我收到小周妈妈的微信：一张图片、一句留言。点开一看，小周同学在A4作业纸右上角的表情包上创作了"天使"，旁边还有有趣的留言对话："我爱数学。""哇，张老师好荣幸哦！"显然这是一个报喜微信。小周是转校生，各方面都比较优秀，但唯独表现出对数学的畏惧和反感，于是小周妈妈把她转到了信达，希望能让她有所改变。仅仅一个学期，小姑娘就和数学老师有了这样治愈的互动。是A4作业纸的专业性让小周不再畏惧数学？是作业纸上的表情包让老师更懂她的数学心理？还是小周顿悟了？都不重要，重要的是孩子成长了，这是最大的教育快乐。

相信时间的力量，相信孩子的力量。2个真实的教育小故事让我们相信一切值得相信。

（三）非常理想，特别现实

"非常理想，特别现实"是北京市十一学校章程与制度集萃的册子名。十一学校的教育改革全国皆知。对于改革，即使是十一学校的亲历者们也深知，虽然怀揣美好的理想，改变现实却非常艰难，每走一步都充满挑战。"非常理想，特别现实"道出了教育理想和现实之间的距离，若想保持两者的平衡，需要坚守教育初心，又要在非常之时行特别之事。信达教师亲历了这8个字。

2020年，是信达发展最艰难的一年。这一年，系列新政出台：公民分离、公民同招。消息传来，民办动荡。信达的公办在编老师们在走和留之间纠结，自聘老师们亦是惴惴不安……最终，3年时间，在校领导团队的带领下，信达人以"虽千万人吾往矣"的姿态，迎难而上，经剥离之痛，历疫情之殇，破摇号之难，实施了一系列的变革，迎来了信达的"辉煌前夜"。

2020年，亦是信达成就"信达"的关键之年。从这一年起，信达人仰望星空、脚踏实地，进行了"非常之时"的系列改革。

以"信达教育"构建顶层设计，全面绘制信达发展蓝图，一集团两校区三学部的办学模式顺利迭代。

以师资队伍的"引"和"培"，完善信达的造血功能，"信达铁军"

全新升级，专业和文化同步形成。

以"孺见"教育为起点，确立生本立场，形成了"孺见—信见—远见"教育逻辑链。

以"课题研究"为路径，深化信达教与学，从"作业改革"到"综合评价"，从"弘临思政"到"行走德育"，信达教育走上全国舞台。

你若盛开，蝴蝶自来。信达在坚守与突破中，完成了 3 年蜕变。信达教育以更耀眼的姿态站立在杭州教育大地上。"向阳向上，见己见人"成为全体信达人的教育理念。

（四）一起写故事，一起说教育

每位老师都有自己的工作技巧，有的只能被称为"技巧""经验"，有的则可以被称为"教育故事"，不是因为技巧多了情节，而是因为经验生了情怀，于是故事里多了一种视角——看见孩子，多了一丝温度——老师的爱，多了一种厚度——时间的坚持。

第四年，和教师一起在信达努力了 1095 天时，一位教授朋友跟我说："你每一天的教育生活如此生动，应该记录下来，形成学校特有的文化。一所学校的文化需要积淀。"这个建议让我怦然心动。在 1000 多个日子里，教师团队完成了一件件教育任务，孩子们开展了一项项学习活动，这些过程虽然不波折，但值得玩味的教育细节很多，这些就是信达的教育故事。要记录，不是一个人记录，是一群人一起记录，记录独属于我们的教育故事。

"回忆'我'的教育故事"成为信达教师 2024 年的寒假作业。平时能津津乐道教育细节的教师，真要下笔就"文思枯竭"，发现自己的教育故事太平凡，不够轰轰烈烈。经过一轮、两轮的讨论、打磨，教师们终于找到了自己的教育故事，这是他们自己的经历，用心用爱做教育的历程。第一个教育故事《"向左对齐"诞生记》完成了。在他们几十年的数学教学生涯中，似乎如有神助，因为99%的学生养成了优秀的数学思维习惯。他们是怎么做到的？原来是从一个答题小技巧开始，这个教育故事有意思。第二位教师完成的《只是一句话》，讲述了每一周给每个学生的一句话，或点评或鼓励，10余年波澜不惊，却与每个学生心灵息息相关。"一句话"是教师饱含情感地看见每一个孩子的体现，这个教育故事爱得深沉。就这样，一位位教师从教育实践者转化为反思者，转化为儿童的研究者，一个个故事从教师内心深处被唤醒，30位、50位……人人撰写。在一次次和教师的探讨、交流过程中，在逐字逐句圈画修改的过程中，我发现每位教师都经历了一个过程：学习对自己的教育生活进行客观的解剖。教师们的教育理解在加深，教育境界在提升，教育的敏感度在大大增强。一颗颗善感的心会直接影响到教育。会省察自己教学生活的教师，才可能自觉地生活在教育之中，然后逐步丰富自己的生命，并逐渐走向优秀。

"信达很小，小孩不小；小学不小，奠基未来。"作为小学教师，我们应以此自策。写故事、说教育是为了呈现我们的学生立场，为了让散落在信达校园的儿童情怀沉淀下来。这是信达教师们第一次一起写教育故事，也许不会叙述、不够生动，但是我们一起完成了一本书，想以此表达我们的一个教育理念：看见孩子，所以教育美丽；崇拜孩子，所以尊重民主；相信孩子，所以成就每一个孩子。

信达教师，眼之所及，皆是教育。在信达，一群温和坚定的教师，通过安静而丰富的教育，引领一群学生生动活泼地学习和成长。

郑晓娟

2024年3月